Madeleine Lowe

Pare de beijar sapos!

São Paulo
2010

UNIVERSO DOS LIVROS

Esta tradução de *Stop kissing frogs – How to avoid Mr. Wrong and find Mr. Right* – 1ed foi publicada em acordo com a Pearson Education Limited.

Diretor Editorial
Luis Matos

Assistente Editorial
Noele Rossi
Talita Gnidarchichi

Tradução
Mauricio Tamboni

Preparação
Juliana Mendes

Revisão
Nathalia Ferrarezi

Arte
Stephanie Lin

Capa
Zuleika Iamashita

Dados Internacionais de Catalogação na Publicação (CIP)
(Câmara Brasileira do Livro, SP, Brasil)

L913p Lowe, Madeleine.

Pare de beijar sapos / Madeleine Lowe ; [tradução de Mauricio Tamboni]. – São Paulo: Universo dos Livros, 2010.
160 p.

Tradução de : Stop kissing frogs

ISBN 978-85-7930-123-0

1. Auto-ajuda. 2. Comportamento. 3. Relacionamentos. I. Título.

CDD 158.1

Este livro é dedicado a Rachel. Obrigada por me tirar de mais lagoas do que tenho vontade de me lembrar.

Agradecimentos

Um enorme obrigado à minha maravilhosa e muito divertida editora, Ellie, que tem sido uma ótima fonte de apoio e de experiências com anfíbios – a história de que mais gostei foi aquela em que você costurou camarões na cortina. Muito obrigada também às garotas que estavam mais do que dispostas a lavar a roupa suja e a discutir os horrores de seus relacionamentos – sem vocês, este livro não existiria.

Sumário

Introdução

Eu realmente não entendo

Vivi um conto de fadas enquanto crescia. Meus pais me amavam. Meus amigos me adoravam. Até mesmo meu irmão me tolerava (exceto naquela vez em que lhe atirei um garfo por ele ter feito minha Barbie fazer coisas indescritíveis com o Action Man). No geral, passei por uma infância repleta de amor, incentivos e risos. Tudo bem até aí.

Então, como foi que acabei me tornando a adulta que fez escolhas abomináveis em relacionamentos pessoais? Como fui alguém que se sentia extremamente confiante com relação ao trabalho e às amizades e, ainda assim, acabei com expectativas tão baixas com relação ao amor?

E não sou a única. Por que tantas mulheres inteligentes, bonitas e sensíveis parecem ir atrás de sapos tão asquerosos? Há milhares e milhares de homens lindos e maravilhosos por aí e, mesmo assim, a maior parte de nós parece não encontrá-los. Pode ser verdade que você precise beijar alguns sapos antes de encontrar seu Príncipe Encantado, mas realmente precisamos mergulhar em uma lagoa antes de encontramos a felicidade?

Tenho uma filha. Ela é muito nova, mas antes de eu me dar conta, ela estará trazendo namorados para casa e dando seus primeiros passos em direção ao adulto mundo dos relacionamentos. A pior coisa que eu poderia fazer seria passar a reclamar dos homens durante toda a sua infância. Isso não seria apenas uma forma incrivelmente negativa de discutir relacionamentos, mas também algo extremamente incorreto. A maioria dos homens é ótima. Aliás, praticamente todos os homens que conheço, por meio de familiares e amigos, são extremamente adoráveis. Este livro não é uma oportunidade idiota de destruí-los, mas o oposto. É um apelo para que as mulheres deixem de escolher as maçãs estragadas.

Portanto, este livro não deixa de ser uma forma de consolidar o que aprendi sobre os relacionamentos românticos... e sobre os não tão românticos assim. Também é uma chance de olhar com o coração aberto para alguns dos erros comuns que nós, mulheres, cometemos com uma frequência depressivamente grande. Trata-se, também, de uma tentativa séria de analisar os mitos que envolvem homens e mulheres e verificar o que realmente torna um parceiro um bom parceiro.

A linguagem dos contos de fada é frequentemente usada para descrever relacionamentos – príncipes encantados, sonhos que se tornam realidade, sogras que se parecem com dragões, cavaleiros em armaduras reluzentes e damas em apuros. A idealização do amor e dos relacionamentos é ótima como história de ninar, mas este livro se propõe a injetar um pouco de realidade nisso tudo. Não bastará fazer uma trança no cabelo e desmaiar para encontrar alguém que a faça feliz no futuro. Além disso, o Príncipe Encantado precisará ter mais que um abdômen de tanquinho e um lindo cavalo para ganhar a bela dama. Após ler este livro, você pode chegar à conclusão de que não quer achar um Príncipe Encantado e prefere ficar solteira. Ouvi dizer que há um livro excelente chamado *The Kama Sutra for One* (*Kama sutra para praticar sozinho*, em inglês), mas acho que você precisa ser bastante elástica para fazer seu dinheiro valer a pena.

Olhando para trás, saí com alguns cafajestes, e parecia que eu sempre repetia os mesmos erros. Tentando examinar o porquê de eu continuar sendo idiota, descobri lições sobre como as mulheres se preparam para o mundo do amor, em quais tipos de armadilhas podemos cair e quantas de nós não reconhecem o Príncipe Encantando, mesmo quando ele está bem diante de nossos olhos.

Uma das melhores características deste livro é que ele inclui experiências de outras mulheres. Não precisei procurar muito para encontrar pessoas dispostas a abrir o jogo com relação a seus namorados horríveis e aos finais felizes. A busca pelo Sr. Certo raramente é um processo óbvio, e é verdade que aprendemos com nossos erros – no entanto, esperançosamente, as experiências aqui apresentadas mostrarão a verdade. Somente entendendo os modelos de relacionamentos ruins existentes é que podemos evitar ciladas em nossas próprias relações.

Como boa notícia, posso dizer que, após ter beijado o que parecia ser uma saparia (agradeça à minha editora por saber o coletivo de sapos), quatro anos atrás finalmente conheci o homem com quem eu queria passar o resto da minha vida. Nós nos conhecemos quando minha filha tinha seis meses de idade. Eu tinha acabado de me separar do meu marido e, definitivamente, não estava atrás de outro homem. O que eu procurava, na verdade, era um jardineiro, e ele apareceu, com o rosto sujo de barro e segurando uma serra elétrica. O resto da história, bem, todos já sabem. Conhecer o amor da sua vida por meio das Páginas Amarelas pode não ser o caminho mais convencional, mas certamente foi uma forma rápida, grátis e eu acabei por ter minha grama cortada no processo.

Não somos casados, e ele não se importaria se me ouvisse dizer que ele não é meu "tipo" em muitos aspectos – e eu também não sou o "tipo" dele. Viemos de formações completamente diferentes. Temos interesses bastante distintos. O fato de ele se recusar a cortar os cabelos me irrita quase diariamente. Ainda assim, funciona. Brilhantemente. Por fim, encontrei alguém que me permite ser eu mesma, que me ama independente disso. Alguém com quem me sinto completamente à vontade. Isso só me serviu para mostrar que o amor vem com diferentes aparências. Acima de tudo, isso me mostrou que o amor verdadeiro não tem nada a ver com manipulações, enganações ou truques. O Príncipe Encantado está por aí, garota, mas, primeiro, você precisa parar de procurar em lagoas.

Capítulo 1

Identificando os tipos de sapo

Oh, oh! Aconteceu outra vez. No exato momento em que você pensa que encontrou um belíssimo príncipe, ele solta um alto coaxo e pula de volta até a lagoa.

Reconhecer um sapo pode ser uma difícil tarefa quando você está pescando em meio a taças de vinho tinto. Quando nos sentimos desesperadas por uma relação, perdemos completamente a razão. Muitas vezes, um namorado pode ser a resposta a todas as suas preces – seja por solidão, por tédio ou porque você se cansou de abraçar o travesseiro.

O que acontece, então, quando aquele cara não é tudo o que deveria supostamente ser? Estar em uma relação, independente de quão ruim ela seja, é realmente melhor que ficar sozinha? Não acredite nisso. Desespero, distração ou luxúria nunca são motivos para dar início a um romance – e você pode terminar com um cafajeste. Há milhares e milhares de homens fantásticos, atraentes e articulados por aí. No entanto, você precisa reconhecer o pecador antes de escolher um vencedor.

Dez tipos de caras pelos quais você sequer deve se apaixonar

Quase me sinto culpada escrevendo este capítulo. Não por achar que esses tipos não existem, mas pelo fato de eles não serem a maioria. Esse tipo de homem é a exceção à regra – mas, por alguma razão, nós, garotas, temos o *dom* de encontrá-los.

Os dez sapos a seguir são, obviamente, generalizações descaradas. Você poderá reconhecer elementos da personalidade de um ex-namorado. Ou, talvez, você tenha sido tão azarada que seu garoto entrava em mais de uma categoria (uma amiga saiu com seis dos dez tipos de sapos... todos em um único cara. Se houvesse uma medalha para encontros podres, ela levaria a dourada... ou deveríamos falar em marrom?). De qualquer forma, é importante mantermos os olhos abertos aos seguintes detalhes reveladores...

O Sr. Mentiroso

Eu costumava gritar palavrões quando criança. Lembro-me de ter feito um buraco na cortina do banheiro e de ter dito ao meu pai que aquilo era obra do meu irmão. Lembro-me, também, de ter sentido pouco mais que um leve *frisson* de culpa quando meu irmão foi proibido de assistir à *Jornada nas Estrelas*. Mesmo assim, logo retomei minha atividade de mentirosa topo de linha.

Como uma mulher madura e claramente sensível, agora reconheço que mentir descaradamente é errado. Isso não me impede de dizer uma mentirazinha branca aqui e ali, mas ao menos sou decente o suficiente para me sentir mal quando faço isso. Por que, então, os homens parecem não passar nunca da fase das mentiras do jardim de infância, mesmo quando já estão em relacionamentos adultos? Obviamente estou falando do "Sr. Mentiroso com as calças pegando fogo". A decepção pode parecer peixe pequeno se comparada à agressão verbal ou física, mas há algo intensamente sinistro em um homem que não pode ou não vai contar a verdade.

Os mentirosos mentem por muitas razões diferentes. Algumas pessoas são azaradas o suficiente para nascerem predispostas geneticamente a contar lorotas. Homens com certas deficiências de aprendizado ou problemas no cérebro, por exemplo, tendem a mentir – mas sejamos francas... Eles são raros. E eles têm uma desculpa.

O seu cara comum mente por razões sociais. Garotos que tiveram formações caóticas e não funcionais costumam inventar para tornar suas realidades mais toleráveis. Eles mentem desde muito cedo para que seus pais não os castiguem de forma dura ou inconsistente (o clássico "não fui eu!") ou como um mecanismo para tentar ultrapassar um passado problemático. Às vezes, os homens mentem porque não querem ferir os sentimentos de outras pessoas. Outros contam mentiras para evitar suas responsabilidades ou suas culpas.

Quando somos incapazes de encarar as verdades em nossas vidas, mentiras também funcionam como uma forma de negação – talvez por não termos nos tornado tão bem-sucedidos, atraentes, ricos ou populares quanto esperávamos ser. As mentiras, às vezes, causam medo ou controlam pessoas. Outras vezes, elas fazem nos sentirmos mais interessantes ou mais atraentes do que realmente somos. Acima de tudo, o Sr. Mentiroso cria histórias para ocultar seu verdadeiro eu – normalmente, por pensar ser insuficiente – ou por querer levar vantagem sobre você. E você não precisa de nada disso, muito obrigada.

Por que, então, um fraudador emocional é tão fracassado nos relacionamentos? O que são algumas mentirinhas entre amantes? Uma coisa é dizer algumas lorotas de vez em quando ou aumentar uma história – uma vez, para dar uns amassos em um bonitão, inventei que tinha doutorado em Primatologia (para pessoas normais, como eu e você, Primatologia é o estudo de macacos). E funcionou! No entanto, namorar alguém que costuma viver de mentiras é um atestado de perigo. Se ele mente e você não descobre, há um problema (porque você está sendo privada das ferramentas para tomar uma boa decisão). Se você não conhece os fatos por completo, é impossível fazer as estimativas sobre um problema.

Deixe-me dar um exemplo: o cara com quem você está saindo mente que sempre usou camisinha com suas ex-parceiras. Com base nessa informação, você acredita ser improvável que ele tenha uma DST – e, então, vai para a cama com ele sem usar preservativo. A mentira não apenas a levou a tomar uma decisão que você não tomaria em condições normais de temperatura e pressão, mas também trouxe uma grande chance de você adquirir algo desagradável no meio de tudo isso.

Se ele mente e você descobre, a situação não fica muito melhor. Você não apenas se sente enganada e manipulada, mas também nervosa por ele pensar que você não merecia a verdade. Se continuar assim por muito tempo, sair com o Sr. Mentiroso fará você duvidar de seus próprios julgamentos, além de deixá-la desconfiada e constantemente receosa com relação às outras pessoas.

> "Saí com o Sr. Mentiroso nos últimos anos de minha adolescência, quando eu era jovem demais e sábia de menos. Eu o conheci quando trabalhava em um teatro da minha cidade – ele era ator e constantemente se vangloriava dos programas de televisão famosos pelos quais havia passado, do quanto ganhava e de quem eram seus 'amigos' no mundo das celebridades. Todas as noites, após o espetáculo, ele era o primeiro a chegar ao bar, pagando bebidas e tudo o mais para todos. Eu supunha que ele tivesse muito dinheiro para poder gastar tanto com álcool para todo o elenco e para a equipe. Saímos por alguns meses apenas, mas ele nunca me deixava conhecer onde vivia – sempre me encontrava no trabalho –, embora prometesse que um dia me mostraria o "maravilhoso apartamento" que alugava. Quando finalmente descobri o endereço, pensei em surpreendê-lo com uma visita. Quando cheguei ao local, seu maravilhoso apartamento não apenas era horrível e fedorento, com lençóis imundos e sebentos, como ele estava sentado no meio da escuridão, fumando um cigarro. Ele nem mesmo pareceu assustado ao me ver – todas as defesas daquele cara caíram, e ele queixosamente pergun-

tou se eu tinha $50 para ajudar com a conta de luz. Tudo por um estilo de vida glamoroso. ”

Adele

O Sr. Controlador

Posso ser mandona – pergunte ao meu marido. Nunca deixo de me surpreender e me deliciar quando alguém realmente faz o que eu digo para fazer. Felizmente, meus amigos e minha família alegremente me ignoram na maior parte do tempo e raramente cedem às minhas tendências controladoras. E é assim que deve ser. As pessoas prosperam em relacionamentos nos quais o dar e o receber ocorrem de forma proporcional. Um dos parceiros ter mais controle que o outro não fará bem a nenhum deles.

Então, vamos colocar as coisas em pratos limpos desde o começo. Não há absolutamente nada sexy, romântico ou maravilhoso em ser dominado. A vida com um homem controlador é humilhante, nociva e potencialmente fatal. O controle emocional surge em diversos modos: seja por meio de humilhações constantes ou ações forçadas dentro do quarto. Alguns sinais clássicos de que você tem ao seu lado um Sr. Controlador são: verificações constantes sobre o que você está fazendo ou com quem está; críticas ou piadinhas cruéis a toda hora; abuso de poder com relação a trabalho, sexo, casa e dinheiro; e até mesmo isolá-la da família e de amigos.

Os controladores se veem como perfeccionistas – ninguém jamais seria capaz de ser tão maravilhoso quanto eles são. Esse tipo rapidamente se irrita com as fraquezas e os erros de outras pessoas, independentemente de quão irrelevantes essas fraquezas e erros sejam. Isso os torna temperamentais e intolerantes. Como um bebê tirano, eles costumam encontrar uma forma de obter o que desejam, frequentemente se utilizando de culpa, ameaças, *bullying*,* gritos ou violência física. Mulheres que passaram por relacionamentos com homens controladores também sabem que, muitas vezes, é difícil escapar. Homens que controlam suas parceiras, com ou sem violência, costumam, também, tentar controlar suas ex-parceiras, mesmo muito tempo depois que o relacionamento já teve um fim.

Mulheres que passaram por relacionamentos com homens controladores também sabem que, muitas vezes, é difícil escapar.

Ironicamente, os dominadores podem ser muito charmosos. No início de uma relação, o Sr. Controlador costuma se mostrar um cavalheiro – faz pedidos para os dois, paga a conta, acompanha você até a casa e a surpreende com roupas e joias. Não há decisão a ser tomada – ele já pensou em tudo. Mas não seja boba. Essas são formas sutis de controle e, antes que você se dê conta, o Sr. Controlador também estará disposto a pensar em tudo *sem* que você interfira, goste ou não.

Os controladores, às vezes, parecem compassivos, uma contradição que faz muitas mulheres terem de fazer esforços para deixar a relação. Ataques de fúria costumam ser seguidos por períodos prolongados de lágrimas, culpa e arrependimento. Ele não queria ter feito aquilo. Você o fez agir daquela forma. Se ao menos ele não se importasse tanto com você... Da próxima vez, será diferente. Sua confiança e independência lentamente se desgastam durante meses de

---

**Bullying* é um termo utilizado para descrever atos de violência física ou psicológica, intencionais e repetidos, praticados por um indivíduo ou grupo de indivíduos com o objetivo de intimidar ou agredir outro indivíduo (ou grupo de indivíduos) incapaz(es) de se defender.

raiva e afeição alternadas – você pode até mesmo começar a acreditar que não merece nada melhor.

O que, então, motiva o Sr. Controlador? Às vezes, nada além do simples prazer que nasce com o poder de controlar outro ser humano. Mais frequentemente, no entanto, o objetivo fundamental de um homem assim é tomar o comando de uma situação que o ameaça. O medo comanda o desejo de controlar. Medo de ser ridicularizado. Medo de falhar. Medo de ficar sozinho. Medo de ser controlado por outra pessoa. Ele é medroso demais para construir uma relação saudável entre duas pessoas com direitos e deveres iguais, porque uma parceira que não está disposta a ser controlada ou possuída pode deixá-lo a qualquer momento. Na realidade, ele não controla nada além de você.

O Sr. Controlador normalmente está envolvido em tradições. Ele espera servidão, fraqueza, lealdade, dependência e extrema devoção de sua parceira. Esse tipo de homem age assim porque está buscando desesperadamente por uma existência estável e previsível. Porém, a vida é caprichosa – quanto mais instável sua vida interior se torna, mais inflexível e exigente ele se torna com você. Se as coisas não correrem muito bem no trabalho dele, por exemplo, pode apostar que você será a primeira a descobrir.

Não se engane: isso não é amor de verdade. Tenho duas citações favoritas. A primeira é "nunca tenha o olho maior que a barriga", mas, infelizmente, as palavras da Piggy, dos *Muppet Babies*, não são relevantes aqui. A outra é do psiquiatra Carl Jung e resume com exatidão o Sr. Controlador: "Onde o amor impera, não há desejo de poder; e onde o poder predomina, há falta de amor." E não é verdade?

"Fui casada com um controlador por quinze anos. Em seus dias bons, ele era incrivelmente romântico – escrevia poesias, me enchia de presentes, dizia que me amava dezenas de vezes por dia. O único problema é que ele também era loucamente ciumento. Quando não estávamos juntos, ele me telefonava para perguntar onde e com quem eu estava. Independentemente do que eu dissesse, ele sempre parecia deturpar e dava a entender que eu estava sendo infiel.

Qualquer outro homem era uma ameaça – até mesmo homens que apareciam na TV! Isso soa quase engraçado agora, mas ele conseguiu se convencer de que eu tinha fantasias com o Take That *[é o grupo do Reino Unido em que o cantor Robbie Williams iniciou a sua carreira]* e desligava a televisão quando eles apareciam na tela. Também me lembro de ter sugerido, certa vez, que fôssemos ao cinema com um amigo em comum – ele ficou louco e deu um soco na janela. Surtos de violência não eram raros. Embora esses surtos não se dirigissem diretamente a mim, era comum vê-lo quebrando objetos em meio à sua frustração. Ele também era o rei do mau humor e sempre me chamava por nomes horríveis – galinha, vadia, promíscua. Insultos sexuais horríveis.

Olhando de fora da nossa relação, ele parecia perfeito, e minhas amigas costumavam dizer que invejavam nosso casamento. Ele sempre se comportava de forma impecável em público, mas eu sabia que estava me observando o tempo todo. Era quando estávamos sozinhos que tudo vinha à tona. Nós finalmente nos divorciamos alguns anos atrás. Agora eu entendo que ele era realmente inseguro, sempre aterrorizado pelo medo de que as pessoas, incluindo eu, o abandonassem. Talvez seja por isso que ele tentasse me manter em uma coleira. ”

Jenny

O Sr. Pegador

Você já percebeu que aquele tipo de homem que constantemente diz “eu simplesmente gosto de mulher” costuma ser o que nos trata como estrume de cavalo? Pegadores, conquistadores, campeões, garanhões – chame-os como quiser, mas eu acho que não há nada mais entediante que um pegador.

Ele pode até ter os movimentos certos, mas o Sr. Pegador é muito limitado quando o assunto é qualquer tipo de ligação emocional. Durante o breve momento em que é a pupila dos olhos dele, você se sente a mais valorizada das mulheres. As doces coisas irrelevantes, os beijos irresistíveis, os gestos perfeitos e as noites de paixão intensa – é como um feriado com sol ameno que não queima a pele. Porém, embora você esteja olhando revistas sobre casamento e escolhendo a tiara ideal, são muito grandes as chances de que ele esteja de olho na próxima conquista. Aliás, é bem provável que ele já esteja dando uns amassos nela.

Então, o que há por detrás de um conquistador em série? Alguns homens podem não estar dispostos a enfrentar o desafio ou a responsabilidade de um relacionamento duradouro e acabam usando a *pegação* como uma capa protetora. Eles se sentem seguros, contanto que ninguém chegue perto demais. Está bem... mas você realmente quer namorar um ser emocionalmente debilitado? Acredite ou não, cientistas também descobriram o gene da infidelidade, algo como o segmento de DNA do galinha conquistador – que impede o cérebro masculino de liberar um elemento químico chamado vasopressina, que liga o homem a outras pessoas. Pode me chamar de cínica, mas acho que foi um homem que fez essa descoberta científica.

Com mais frequência, no entanto, o processo não é nada muito mais complicado que o Sr. Pegador se sentir feliz por ter dormido com diversas mulheres e sair impune. E por que não? Os garanhões podem ser divertidos e excitantes. Afinal, eles estão aproveitando (e muito) a vida. Se você não procura nada além de uma relação sem ligações mais fortes, então procure um conquistador – mas não espere que ele mude. Se estiver se divertindo, ele não vai encontrar motivos para mudar – nem mesmo se você se entregar de corpo e alma. Contanto que ele seja sincero a respeito das infidelidades, você não pode culpar ninguém além de você mesma por se manter na relação. Se, no entanto, ele se apresentar como o Sr. Certinho enquanto estiver saindo com a metade da rua ao mesmo tempo em que também está pegando sua irmã, você terá o direito de reclamar. Ele ultrapassou sua categoria e invadiu o território do Sr. Mentiroso – ou seja, você está levando dois sapos pelo preço de um.

Então, quais são os sinais preocupantes? Embora sua intuição provavelmente seja sua melhor aliada, se o cara leva mais tempo que você para se aprontar, constantemente flerta com outras mulheres (incluindo suas amigas próximas), raramente a apresenta aos amigos dele, vive cheio de segredos ao telefone ou na frente do computador e sempre telefona para você em vez de você telefonar para ele, há grandes chances de haver algo suspeito aí. Garotas, nunca se esqueçam: se tem cara de galinha e cheiro de galinha... provavelmente é galinha.

> “Conheci Alex no trabalho. Ele me cortejava o tempo todo e passou oito meses correndo atrás de mim – mensagens de texto no celular o tempo todo e até mesmo flertando descaradamente comigo na frente de toda a equipe. Ele era lindo, e eu o imaginava sem as calças – eu sentia nós na garganta toda vez quando o via. Resisti por tanto tempo porque trabalhávamos juntos, mas, por fim, me entreguei.
>
> Daquele momento em diante, tudo mudou. Ele parou de falar comigo no trabalho, passou a insistir que mantivéssemos a relação abafada e começou a flertar com minhas colegas – enquanto eu, aparentemente, me tornava mais e mais invisível.

Embora aquilo me deixasse louca, eu logo percebi que estava ansiosa e desesperada para contar aquilo a todas as minhas colegas de trabalho. Finalmente, deixei escapar, e alguém me levou até um canto e me contou que Alex estava saindo com outra funcionária da empresa. Eu me recusei a acreditar até que os vi dando uns amassos em um banheiro desativado durante a confraternização de fim de ano. Então consegui enxergar o que Alex realmente era – um verdadeiro galinha. A outra mulher não sabia da minha existência, e eu não sabia da existência dela. Alex havia dito a nós duas para que mantivéssemos as relações em segredo. Não me resta dúvida.

Três anos depois, vivo um casamento feliz. E Alex? Continua pegando por aí. ”

Natalie

O Sr. Deprê

Sei que terei problemas por esta categoria. Parece muito duro dizer "não namore alguém com depressão", mas deixe-me explicar as minhas razões.

Já tive depressão e vivi com uma pessoa deprimida. Conheço pessoas que conviveram com doenças mentais e outras que ainda vivem com o problema. É um saco. A depressão pode chegar em qualquer idade, a qualquer hora e pode afetar qualquer pessoa. Se você está em uma relação séria e seu parceiro desenvolve depressão, não estou dizendo que você deva deixá-lo – você será mais necessária do que nunca na vida dele e é crucial que vocês trabalhem juntos para administrar o problema.

Conheço pessoas que tiveram sucesso em uma relação com uma pessoa deprimida. Aliás, a doença pode ser uma grande fonte de criatividade, maturidade emocional e ternura. A depressão também cobre uma vasta gama de condições, portanto não seria justo comparar alguém que luta para viver com alguém que tem crises de depressão maníaca todos os dias. Casais que fazem a relação funcionar chegam ao acordo de conversar abertamente sobre o problema e sobre como ele afeta a relação. Desenvolver estratégias para passar pelos tempos difíceis é crucial para vocês dois.

No entanto, este é um livro sobre namoros, então vamos enfrentar a realidade. Há uma grande diferença entre lidar com a depressão quando ela atinge uma relação que já foi saudável e *escolher ativamente* sair com alguém que apresenta tendências depressivas. A não ser que você realmente saiba no que está entrando, namorar um deprimido é uma jornada longa e complicada, que traz poucas recompensas. E aqui está a razão.

A depressão é uma doença incrivelmente frustrante. Diferente de outras indisposições, ela atinge exatamente o centro de quem você é. Ela distorce a sua perspectiva do mundo, fazendo tudo parecer desolador, difícil e sem saída. Acima de tudo, entretanto, faz você se tornar extremamente egoísta. Sua mente está constantemente ocupada com seus próprios pensamentos e suas próprias dúvidas. Outras pessoas que fazem parte da sua vida se tornam secundárias à depressão porque você se sente agonizado pelo poder da doença. Parece não haver motivos para se alegrar. Parece não haver como se recuperar.

Algumas mulheres se atraem pelos deprimidos pelo simples fato de eles parecerem soturnos e misteriosos. Essas mulheres querem desempenhar o papel de mãe, querem cuidar deles, animá-los. Talvez eu consiga mexer com ele? E se tudo o que ele precisa for alguém atencioso para ouvi-lo? E se eu for aquela que o fará feliz depois de tantas outras terem falhado? Talvez você consiga. No entanto, é um grande risco – e você tem certeza de que está disposta a assumi-lo?

Minha experiência vivendo com alguém deprimido foi de cortar o coração. Eu o amava tão desesperadamente e, ainda assim, no final, a depressão se tornou algo maior do que eu poderia administrar. Ele costumava passar horas preocupado com a ideia de que nosso relacionamento estava condenado. Eu, em contrapartida, passava horas tentando animá-lo, tentando fazê-lo viver, tentando convencê-lo de que as coisas melhorariam. Nos dias ruins, ele era exageradamente sensível – eu tinha de pisar em ovos durante nossas conversas ou então enfrentaria um interrogatório sobre "o que você quis dizer quando eu disse que...?" As mudanças de humor eram exaustivas. As conversas incessantes sobre tudo, as argumentações em círculos, as declarações de autoderrota e as previsões sombrias. Ele costumava passar longos períodos sozinho, sem meu contato – o que acabava comigo. Eu me vi sendo absorvida pela depressão daquele homem. Comecei a me sentir igualmente sem esperança e presa. Todo o meu otimismo e minha confiança começaram a ruir.

Depressão não é algo que você pode resolver sozinho. Como problemas cardíacos ou diabetes, é uma doença que requer ajuda profissional para melhorar. Também é um problema que você precisa compreender por completo se quiser combater – você precisa aprender tudo o que puder sobre a enfermidade. É necessário ter a paciência de um santo e o coração de um leão para lidar com uma pessoa deprimida. Você precisa permanecer alerta, forte e pronta para entrar no jogo. Não estou dizendo que isso seja impossível, mas estou, sim, dizendo que você precisa saber muito bem em que está entrando. Pessoalmente, nunca mais quero lidar com isso.

" Embora não tenha sido a mais duradoura, minha relação com Jeremy provavelmente tenha sido a mais traumática. Quando nos conhecemos, eu não sabia que ele tinha um problema de saúde mental, nem que era infeliz. Ele parecia um homem jovem e confiante, que tinha um bom trabalho. Começamos a sair, e tudo foi ótimo, embora eu sempre sentisse que ele estava escondendo algo ou projetando uma imagem daquilo que quisesse que eu visse.

Tivemos um acidente de percurso, e acabei engravidando. Nunca me esquecerei do dia em que contei para ele. Ele respondeu com um "bem, na verdade, eu tenho algo a dizer. Fui ao médico e ele disse que tenho depressão". Era uma reação estranha, mas, como estava muito preocupada com ele, acabei tendo de lidar sozinha com o trauma do aborto, enquanto tentava apoiá-lo e ajudá-lo a se manter firme.

Os seis meses que se seguiram foram uma montanha-russa. De tempos em tempos, ele desaparecia por dias ou até mesmo semanas; ou então estava muito nervoso e tentando arrumar briga com as pessoas; bebendo demais e depois não bebendo nada. Eu estava tão desgastada e nervosa com tudo aquilo, que tomei a decisão de terminar nosso relacionamento, pois claramente as coisas não estavam funcionando. Ainda assim, tentamos continuar como amigos.

Quatro semanas depois, nossas relações foram cortadas. Jeremy se suicidou. Ele não deixou uma carta ou explicação, mas aquilo claramente era um grito por ajuda. A forma como ele cometeu o ato deixava claro que tudo havia sido planejado. Sei que não fui a razão daquilo e também sei que ele não estava bem. No entanto, seguir a vida foi difícil; eu me preocupo com as pessoas o tempo todo e penso que o pior aconteceu se alguém não me responde imediatamente. O estresse e o trauma em meu ser, causados por uma pessoa com problemas de depressão, eram exaustivos, e as repercussões duraram anos. E há sempre aquela pergunta trivial – o que eu poderia ter feito diferente que poderia tê-lo salvado? ”

Rachel

O Sr. Parasita

"Tem um trocado aí, querida?" Dificilmente essas são as palavras que você quer ouvir do futuro pai de seus filhos. E, ainda assim, muitas de nós parecem felizes namorando parasitas, homens que parecem não poder economizar o suficiente para um café – imagine, então, para uma relação duradoura.

Não me leve a mal. Dinheiro não compra amor. E namorar alguém com base no holerite é mais superficial do que se pode imaginar. No entanto, há uma grande diferença entre buscar um tesouro e esperar que seu parceiro tenha estabilidade financeira.

Os dias em que se esperava que os homens sustentassem suas esposas já ficaram para trás. E ainda bem! As sufragistas não se prenderam a linhas de trem para que pudéssemos ficar em casa fazendo as unhas. No entanto, você realmente está dizendo que é feliz aceitando o papel de provedora exclusiva quando ele sequer sai da cama?

As sufragistas não se prenderam a linhas de trem para que pudéssemos ficar em casa fazendo as unhas.

Em relacionamentos duradouros, os parceiros raramente têm o mesmo salário. Isso é normal. Em um compromisso estabelecido, vocês dois se sentam e encontram as melhores formas de dividir o tempo, as tarefas e o dinheiro. Se filhos ou uma mudança de carreira entrarem em pauta, essa conversa se tornará ainda mais importante, e não é incomum que aquele que ganha mais continue trabalhando, enquanto o que ganha menos fica em casa. Se este é o homem ou a mulher, não discutiremos aqui. A questão é que vocês dois estão se esforçando e planejando o futuro juntos.

O Sr. Parasita não é um pai do tipo vou-ficar-em-casa nesse processo. Ele não vai mudar para o banco de trás e permitir que a carreira de sua esposa progrida. Ele tampouco vai ganhar menos para que você fique com uma boa aparência. Ele apenas está permitindo que você cuide dele, assim como uma criança que recebe uma mesada.

Mas ele é um artista lutando pela arte. A banda dele é a vida dele. Não se apega ao material. Está seguindo um sonho. É mesmo? Não é incrível como tantos homens que vivem de sombra e água fresca têm namoradas generosas? Ele pode ter renunciado ao capitalismo, mas não se importa de vê-la pagando as contas. Ele só pode satisfazer seus interesses porque tem alguém que o banca. Você vai querer mesmo dar dinheiro para ele comprar cerveja quando tiver de pagar o aluguel, os gastos com as crianças e a alimentação? Cuidado ao aceitar uma vida de responsabilidades pesadas com pouco apoio. Acredite, quando vocês tiverem cinquenta anos e ainda morarem em um apartamento de um quarto precisando de reforma, o gosto por sexo incomum e alguns acordes de guitarra já terá sido deixado para trás há muito tempo. O que Mae West dizia? "O amor vence tudo, exceto pobreza e dor de dente."

As pessoas que têm um sonho artístico ou que decidem dar uma pausa na carreira e *fazem isso com êxito* são aquelas extremamente realistas acerca do que é realmente necessário. Trata-se de trabalho árduo, e você não pode esperar que alguém simplesmente pague sua conta. Muitas pessoas que seguem seus sonhos precisam engolir o orgulho e aceitar um emprego inferior ou uma redução drástica no orçamento. Eles fazem planos. Eles controlam o orçamento. Eles trabalham todas as horas criadas por Deus. Eles vivem com aquilo que têm. E certamente não esperam que o amor de suas vidas sustente aquele estilo de vida. Também não há do que se envergonhar se você, de repente, se vir sem dinheiro – pode acontecer com qualquer um –, mas, por favor, não faça disso uma escolha de estilo de vida.

“Namorei um homem que se encaixava em três dessas categorias: o parasita, o pegador e o viciado. Um pianista de *jazz* esforçado e, portanto, naturalmente um parasita. (A piada preferida dele era: ‘O que é um músico sem uma namorada? Um cara quebrado!’ Ah, como demos risada.) Um pegador – definitivamente, um garoto amigável demais com todas as garçonetes e balconistas da região, que olhava para mim com uma pena sem disfarce todas as vezes que íamos a um de seus locais de trabalho. E um viciado – fumava e bebia mais do que se pode imaginar. (Certa vez, ele me encontrou no aeroporto de Heathrow não com rosas, mas com latas de Stella Artois nos bolsos da jaqueta. Que romântico!) Eu me apaixonei loucamente por ele em poucas semanas, mas finalmente voltei à razão apenas três meses depois – e então deixei de mandar mensagens no celular. No entanto, demorei quase um ano para esquecê-lo, o que supera qualquer coeficiente de recuperação-de-fim-de-namoro. Ainda penso nele de vez em quando, embora agora eu esteja com um homem maravilhoso que realmente me ama. Se aquele pianista me telefonasse amanhã, realmente não sei o que faria.”

Gina

Sr. Filhinho da Mamãe

Ele é lindo. Ele é bem-sucedido. Ele pensa que você é o que há de melhor. Então, por que continuamente recebe telefonemas da mamãe querendo saber se está vestindo cuecas limpas?

É ótimo quando o cara se dá bem com a mãe. Saí com vários homens que não gostavam que seus pais soubessem o alívio que é quando seu garoto tem um relacionamento feliz e saudável com a família. No entanto, homens que ainda levam as roupas para serem lavadas na casa dos pais todos os domingos não conseguem tomar uma decisão sem falar com a mãe ou, pior, que ainda vivem com os pais aos trinta anos não podem ser bons.

Ahhh... mas ele ama a mamãe. Ótimo. Ainda assim, você tem certeza de que está pronta para levar adiante uma relação envolvendo os três? Quando ele pergunta se você quer ir até a casa dele, você realmente quer passar uma noite de amor ardente rolando debaixo de um edredom do Homem-Aranha? Você está mesmo pronta para ver o potencial homem da sua vida comendo mingauzinho enquanto arruma a gravata?

Você realmente quer passar uma noite de amor ardente rolando debaixo de um edredom do Homem-Aranha?

Encare a realidade. Você nunca será a mulher dos sonhos dele. Ele já tem uma. A mãe que o criou para ser o centro do mundo dela, o principezinho que viverá eternas satisfações. Isso não é amor maternal, é amor sufocante, e ela vai querer se envolver em todos os aspectos da vida do filhote, queira você ou não. Se ele tentar se libertar ou mostrar independência, ela irá utilizar a mais poderosa de suas armas maternas – a culpa. Ele será forçado a escolher um dos lados, e, adivinha, não será o seu. Você sempre será a *outra* mulher.

É fácil ver por que uma mãe encontraria dificuldades para deixar seu filho se tornar independente – ela passou anos da vida protegendo, educando e cuidando do filho, e pode achar difícil aceitar que houve uma mudança em seu papel. Se o marido ou parceiro dela acabou se tornando uma decepção para toda a vida, não é de se espantar que ela tenha se jogado nos braços dos filhos.

No entanto, o que faz o Sr. Filhinho da Mamãe responder a isso? Por que ele precisa lutar tanto para cortar as linhas que o prendem àquele avental? Simples. Ele não quer fazer isso. Quem não quer ter alguém esperando por ele de todas as maneiras? Que adorável é ter uma governanta permanente para cuidar de todos os seus caprichos! Muitas vezes, enquanto enfiava calças imundas na lava-roupas, pensei em como seria bom ter alguém para fazer esse tipo de trabalho em tempo integral (de preferência, forte e alemã). No entanto, as coisas não funcionam assim na vida real.

Você precisa de um companheiro que coloque você em primeiro lugar, e não os problemas dele. Você procura por alguém que não espere exatamente ser mimado ou para quem você tenha de fazer o papel de mãe. Você quer um parceiro que não vai deixar uma montanha de louças sujas enquanto ainda espera que você trabalhe em tempo integral. Fique com o Sr. Filhinho da Mamãe e você passará o resto da vida recolhendo cuecas e mais cuecas pela casa.

> “Namorei um cara chamado Richard que, aos 28 anos de idade, ainda vivia com a mãe. Ela havia se separado do marido quando os filhos ainda eram muito jovens e, então, assumiu o papel de superprotetora. Os filhos eram a vida daquela mulher. Ela me tolerava, mas deixava bem claro que eu jamais seria boa o suficiente para me casar com o filhinho querido. Richard realmente protegia a mãe, e acho que ela se aproveitava disso – sempre pedindo elogios em todos os lugares, constantemente enviando mensagens de texto para ele etc. A gota d’água veio quando estávamos dando uns amassos no quarto dele. Ela entrou sem bater na porta, carregando vários cabides, e então começou a pendurá-los, um por um, no guarda-roupa. O fato de eu estar nua e sentada de pernas abertas sobre ele não pareceu incomodá-la – e pareceu, também, não incomodar Richard. Foi então que me ocorreu que talvez nossa relação não fosse normal.”
>
> **Andrea**

O Sr. Capacho

"Quero o que você quiser. Não importa, querida, você escolhe. Eu aceito o que você quiser"

Arghhhhhhh! Alguém me dê um tiro agora! O Sr. Capacho, que Deus o abençoe, provavelmente seja o homem mais irritante que você poderá namorar. Não que ele seja horrível. Aliás, ele provavelmente seja um cara legal. No entanto, passar tempo demais ao lado dele fará você desejar agarrá-lo pelo colarinho, sacudi-lo e gritar: "Pelo amor de Deus, faça o que você gosta de fazer!"

O Sr. Capacho, que Deus o abençoe, provavelmente seja o homem mais irritante que você poderá namorar.

Ser adaptável é uma virtude importante, mas é bem diferente de ser fácil. O problema com o Sr. Capacho é que ele transforma agradar as pessoas em arte, frequentemente à custa de sua própria felicidade. Você realmente quer namorar alguém que investe tanto na aprovação dos outros que já perdeu a noção de suas próprias vontades e necessidades? Como ele vai atingir seus próprios objetivos pessoais quando está tão ocupado dizendo "sim" a todos?

Ser um cara legal não explica o elemento de autossabotagem de ser tamanho molenga. Então, o que realmente motiva o Sr. Capacho? As pessoas que constroem uma vida agradando outras pessoas frequentemente procuram por aceitação. Elas são incapazes de julgar o valor de suas próprias ações e, por isso, precisam que outros lhes mostrem esse valor. As raízes disso costumam estar na infância – crianças que não são encorajadas a pensar por si ou a declarar suas próprias necessidades e, então, são recompensadas por obedecer constantemente às regras e aprendem que a obediência é a forma mais rápida de se ter acesso ao coração das pessoas. Não perturbe o equilíbrio. Não diga às pessoas como você está se sentindo realmente. Acate o julgamento de todos. Essas são as ferramentas usadas por uma pessoa que quer agradar a todos na busca por aceitação social e amor.

Então, quais são os sinais clássicos de que você está namorando o Sr. Capacho? Ele esconde os sentimentos para não magoá-la? Ele deixa que você sempre inicie os atos íntimos? Ele evita discussões a todo custo? Ele fica calado quando você pergunta o que ele está sentindo? Ele se torna introspectivo quando está irritado? Costuma bombardear as pessoas com cumprimentos? Ou acha difícil recusar um pedido, mesmo sendo o mais inconveniente deles? Ele faz tudo isso e então reclama para você sobre como ele acha que as pessoas abusam dele e não lhe dão valor? Se sim, parece que você já tem onde limpar os pés.

E qual é o problema? É tão ruim assim namorar alguém que sempre coloca as necessidades alheias na frente das suas próprias? Bem, há duas surpresas asquerosas que vêm junto com o Sr. Capacho. A primeira é que você, essencialmente, está namorando um mentiroso. Ele simplesmente não está sendo honesto com relação aos seus sentimentos e necessidades. Como você pode manter uma relação com alguém que se sente incapaz de lhe contar a verdade? Aí está o Sr. Mentiroso levantando sua cabeça horrorosa outra vez.

O segundo (e grudento) ponto vem quando o Sr. Capacho finalmente se cansa de agradar as pessoas e se reprimir. Ser excessivamente moldável tem um preço, e há uma boa chance de que ele exploda em algum momento. E, quando isso ocorre, costuma ser uma surpresa completa para a outra pessoa – é o velho clichê de passividade-agressividade de *Mulheres Perfeitas*: ou elas entram em colapso e param de funcionar, ou o marido tímido se torna um tirano. Eles nunca veem a explosão se aproximando... assim como você não verá.

“Minha experiência em namorar um capacho foi breve, mas deixou uma impressão duradoura. Nós nos conhecemos na faculdade, ele era um cara do nosso círculo de amizades. Todos sabiam que ele gostava de mim, e parte de mim se alegrava ao receber aquela atenção.

É interessante perceber que ele expressava suas opiniões com outras pessoas e, então, concordava com absolutamente tudo o que eu dizia. No início, eu ficava extremamente lisonjeada, mas não demorou muito para que tudo aquilo começasse a me irritar. Ele concordava com tudo o que eu dizia. Meus interesses passaram a ser, de repente, os interesses dele. Na verdade, é muito complicado conversar com alguém que não rebate suas ideias ou oferece um ponto de vista diferente.

Detesto admitir isso, mas aquelas tendências capachescas fizeram emergir um lado horrível de mim. Já no segundo encontro eu estava procurando por uma discussão para estimular algum tipo de reposta da parte dele. Minhas tentativas foram em vão, e um desespero completo tomou conta de mim. Foi quando gritei: “Você não tem opinião sobre nada do que faz, caramba?” E adivinhe o que aconteceu? Ele concordou.”

Naomi

Sr. Odeio Crianças

É impressão minha ou esses caras que *odeiam* crianças são um pouco esquisitos? É como odiar filhotes de cachorro ou passarinhos – vilões feitos pela Walt Disney usando como base os mais simpáticos personagens. Uma coisa é ele não querer ter filhos ou preferir a companhia de adultos, mas você realmente quer sair com o caçador de crianças de *O Calhambeque Mágico*?

Crianças podem ser barulhentas, fedorentas, mal-educadas e irritantes. Ainda assim, elas são crianças, e não tigres comedores de homens. O que se passa na cabeça de um homem que o faz se tornar tão veementemente anticrianças? Ser indiferente, sem problemas, mas *odiar*? Ódio é uma emoção forte demais, e não gosto do significado dessa palavra em nenhuma relação.

Até mesmo se o cara não quiser ter uma família, dizer que odeia qualquer grupo de pessoas é uma declaração violenta, normalmente fundada na ignorância. Se ele dissesse que odeia algum grupo étnico, ele seria enforcado com uma corda de pelos pubianos – e isso seria uma ótima sentença. Você realmente quer namorar alguém que deixa de lado toda uma parte da sociedade sem sequer pensar sobre isso?

Odiar crianças é também algo peculiar, porque elas são um grupo bastante vulnerável – é como odiar idosos. Por que ele não mexe com alguém do tamanho dele? Mesmo se vocês resolverem não ter filhos, isso seria diferente de evitar contato com crianças pelo resto de suas vidas juntos. O que ele fará quando sobrinhos, sobrinhas ou filhos de amigos vierem visitá-los? Ele vai se trancar no banheiro?

E se vocês acabarem tendo filhos juntos? Se seu parceiro não estiver disposto a assumir a criança, você estará em maus lençóis – ele não será capaz de amar, educar e tolerar seus filhos da forma adequada. Não investirá no que seus filhos terão necessidade, deixando todos na família se sentindo um pouco injustiçados. E pode ser ainda pior, ele pode se tornar hostil ou violento – criando, assim, um ambiente imperdoável para as crianças crescerem.

Não confunda o Sr. Odeio Crianças com um cara que simplesmente decidiu que ser pai não é a coisa certa para ele. Se vocês dois já deixarem claro desde o início que isso é o que querem, ótimo. É necessário ter muita coragem para tomar uma decisão de vida tão séria, e você deve respeitar a decisão dele. Se o cara com quem você está saindo for bastante inflexível com relação a não querer ter filhos e, no entanto, você estiver bastante certa de que, em algum momento, vai querer tê-los, então talvez você tenha de encarar o fato de que essa relação não vai chegar a lugar algum. Engravidar esperando que ele mude de ideia na hora do parto é uma aposta que ninguém, em sã consciência, faria.

> “Philip, meu ex, falava constantemente sobre os filhos de outras pessoas, chamando-os de ‘merdinhas’ ou ‘diabinhos’. No início, pensei que ele estivesse brincando, mas logo percebi que não era bem assim. Ele detestava com todas as forças estar perto de crianças – acho que, como ele não sabia se relacionar com elas, achou mais fácil ser horrível do que se esforçar. Ele também costumava odiar escutar o barulho que as crianças faziam, até mesmo se elas estivessem apenas brincando e se divertindo. As coisas começaram a se desvendar quando ele falou com grande emoção sobre como seu pai costumava golpeá-lo com o guidão de uma bicicleta como castigo e que, se tivesse crianças, ele não hesitaria em tomar a mesma atitude. Durante todo o tempo, eu pensava: ‘não, com meus filhos você não vai fazer isso’. Eu ainda me sinto mal quando penso sobre se Phil acabou tendo filhos com outra mulher.”
>
> **Celia**

O Sr. Viciado

Eu preciso arrumar um vício. Parece que todo mundo tem um. Estava pensando em me viciar em queijo *brie*... parece que tudo vale. Vício em compras. Vício em pornografia na Internet. Eu até mesmo li sobre alguém que ficou viciado em bronzeamento artificial.

No entanto, não estou plenamente convencida de que estes sejam vícios. Hábitos, provavelmente. Desculpas, definitivamente. Suspeito que chamá-los de vícios ajude as "vítimas" a não se sentirem culpadas. Se elas se convencerem de que seu comportamento está fora de controle, elas já não são culpáveis. Nós nos tornamos uma sociedade de criadores de desculpas.

Então, do que estamos falando quando abordamos vícios verdadeiros? Deixe de lado aquela vez em que você estourou o limite do cartão de crédito na loja de sapatos. Um vício verdadeiro é uma dependência física ou psicológica de alguma substância ou comportamento. A dependência é tão debilitante que você é incapaz de contê-la, até mesmo se ela estiver matando seu corpo, sua vivência e suas relações. Se deixado sem tratamento, o vício destruirá tudo aquilo em que você tocar – vida doméstica, filhos, carreira, saúde. Parece até mesmo sem propósito enumerar as razões pelas quais namorar o Sr. Vício é, a meu ver, algo péssimo.

As pessoas se tornam viciadas pelos mais diferentes motivos. A natureza do vício não é totalmente compreendida, mas parece que diversos fatores distintos entram em cena. Predisposição genética é uma das possibilidades – a ideia de que você poderia ter uma personalidade inerentemente voltada ao vício. A infância e os cuidados dos pais também são de importância – filhos de alcoólatras, por exemplo, apresentam tendência quatro vezes maior de se tornarem viciados em bebidas. Pressões de colegas, autoestima baixa, estresse, confusão emocional... todas essas são razões pelas quais as pessoas buscam algum tipo de vício.

Certas substâncias, como a nicotina e a heroína, também provocam mudanças químicas no cérebro, criando desejos muito difíceis de dominar. Você pode querer provar drogas uma ou duas vezes apenas, mas a própria natureza de uma substância pode tornar impossível simplesmente "pegar e largar".

Reconhecer um viciado não é sempre tão simples quanto você pode pensar. Nem todos os viciados acabam na sarjeta. Muitos alcoólatras têm posições altas em empresas. De todas as profissões – de pedreiros a motoristas de ônibus –, são os advogados que apresentam maior propensão a se tornarem alcoólatras. Com tanto em jogo, você precisa estar alerta aos sinais que sugerem que um possível parceiro pode ter problemas.

Da primeira vez que você se encontrar com ele, o Sr. Viciado pode parecer a vida e a alma da festa. Ele é amigo de todos, sempre o primeiro na lista de convidados e o último a ir para a cama. Você não sabe de onde vem tanta energia. Mais cedo ou mais tarde, no entanto, a festa sem fim se transforma em um inferno sem fim.

Mais cedo ou mais tarde, no entanto, a festa sem fim se transforma em um inferno sem fim.

Algumas vezes, os indícios podem ser físicos – dependendo do tipo de vício, o cara pode começar a ganhar ou a perder peso rapidamente, cuidar menos da aparência ou começar a parecer menos saudável. As mudanças podem, também, ser psicológicas – ele se torna mais irritadiço, reticente, nervoso ou afastado. O vício tem uma maneira peculiar de isolar o viciado das pessoas ao seu redor – você pode perceber que ele está se tornando distante ou temperamental, especialmente se estiver sendo mantido longe do objeto em que está viciado.

A dependência é um pesadelo, e não a desejo a ninguém. No entanto, namorar um viciado é igualmente amargo. O Sr. Viciado é extremamente autocentrado. Sua obsessão – seja entornar uma garrafa ou olhar para seios – é mais importante que qualquer outra coisa. O vício nunca permitirá que você esteja em primeiro lugar.

O Sr. Viciado não pode, sequer, ligar-se emocionalmente consigo mesmo – imagine, então, com outra pessoa. Ele não tem autocontrole nem limites. Tentará se livrar dos vestígios ou da responsabilidade enquanto está se destruindo e levando você pelo mesmo caminho. Namore um viciado para sempre ficar à disposição da montanha-russa da existência dele – alguns dias são ótimos; outros, medonhos. A vida com um viciado é como uma caixa com bombons envenenados – você nunca sabe qual vai pegar.

“Eu ainda estava na escola quando conheci Tom. Ele tinha 21. Não me interessei por ele no começo, mas, de fato, o achei bem legal porque ele tinha um carro incrível, morava sozinho e sempre ia a festas enlouquecedoras. Eu também adorava a família dele – meu pai bebia muito na época, então, para mim, era difícil ficar em casa. Ironicamente, apesar do fato de Tom ser o paraíso perfeito de alguma forma, ele também bebia muito. Voltava do trabalho na noite de sexta-feira e ia direto para o *pub* local até ficar com a cara toda amassada de tanto beber. Lembro que ele frequentemente fazia xixi na cama – e chegou até a perder a carteira de habilitação por dirigir bêbado.

Quando começava a questioná-lo, sempre dava um jeito de me manipular, dizendo que eu estava sensibilizada demais com relação a bebidas por causa do meu pai. Ele sempre escondia seus próprios problemas ao atrair a atenção para os meus ou ao implicar com assuntos menores. Aparentemente, eu não era “divertida”. Todos na família de Tom bebiam muito – as reuniões em casa sempre aconteciam em volta do álcool – então, ele não pensava estar passando por um problema. A bebida também o deixava incrivelmente egoísta – eu estava passando cada vez mais tempo sozinha, enquanto ele bebia no *pub*. Durante os dois últimos anos de nossa relação, eu sequer era parte da vida dele, então não havia propósito algum para continuarmos juntos. Também acho que eu tinha crescido, já era bastante diferente da garota de 14 anos, e podia ver que havia mais na vida do que ficar sentada esperando um bêbado voltar para casa cambaleando. ”

Abigail

Sr. Nunca Estive Solteiro

Você conheceu um homem maravilhoso. Ele nunca foi infiel a uma namorada. Adora estar apaixonado. Ele se orgulha de ser um "homem de uma mulher só". O único problema é que ele é o homem de uma mulher depois de outra mulher e depois de outra mulher.

O Sr. Nunca Estive Solteiro é um monogâmico em série em um nível totalmente diferente. Desde o momento em que seus testículos começaram a funcionar, ele nunca mais passou um momento sozinho. É o fumante em cadeia de namoradas – com a brasa de uma relação que chega ao fim, ele acende o começo de outra. Pergunte quanto tempo ele passou solteiro, e ele se recusará a responder. É tão feliz sendo parte de um casal que jamais lhe ocorreria a necessidade de passar tempo sozinho.

Desde o momento em que seus testículos começaram a funcionar, ele nunca mais passou um momento sozinho.

No entanto, que importância tem saber se um homem investiu tempo suficiente em sua vida como solteiro? Você tem certeza de que sair com o Sr. Nunca Estive Solteiro é melhor que viver com alguém que acabou de começar no jogo amoroso? Bem, sim e não.

Não há dúvida de que um monogâmico em série se sinta confortável em estar em uma relação. No entanto, ele realmente está interessado em um comprometimento significativo e de longa duração? Para ele, a melhor parte de uma relação é o primeiro rubor do romance. Nada supera a alegria de encontrar uma nova pessoa, entregar-se de corpo e alma e sentir a falta de lógica da paixão. Porém, o que acontece quando a lua de mel se desgasta? Como a realidade de um relacionamento duradouro poderia competir com a novidade de uma nova paixonite? O que isso diz sobre alguém que pode amá-la agora e deixá-la daqui a um minuto?

Uma vez ouvi que a monogamia em série pode ser comparada a alugar um carro em vez de comprar – o problema é que, se você sabe que não o terá para sempre, não o tratará muito bem. O Sr. Nunca Estive Solteiro está usando a monogamia em série como uma forma de ter sexo regularmente e sem nenhum dos incômodos de uma relação de longo período. Romântico, não?

Até mesmo aqueles monogâmicos em série que permanecem em relacionamentos por períodos significativos têm um problema com o conceito de "para sempre". Eles gostam da sensação de segurança que vem com ser parte de um casal, mas não querem fazer planos em longo prazo. Vocês podem até mesmo estar morando juntos, mas não espere que os sinos do casamento toquem em breve. O compromisso dele é essencialmente superficial. Você realmente quer viver com alguém que apresenta problemas de ligação tão grosseiros?

O segundo problema com o Sr. Nunca Estive Solteiro é que ele não passou tempo suficiente sozinho. Estar solteiro é algo extremamente importante – trata-se de um tempo crucial para reflexão e desenvolvimento pessoal (falaremos disso com mais detalhes no Capítulo 4). Também precisamos de tempo para aprender as lições deixadas por um relacionamento quando ele termina, e isso não vai acontecer com um cara que se joga imediatamente nos braços de outra mulher. O medo de ficar sozinho o mantém em um círculo infinito de relacionamentos? Ele só tem uma identidade quando é parte de um casal? Suspeitar que ele a está usando como "mais uma" não vai fazer bem algum à sua autoestima.

Acredite ou não, o Sr. Nunca Estive Solteiro e o Sr. Pegador têm muito em comum. A única diferença tende a ser quantas mulheres eles têm de uma só vez. Embora um monogâmico em série vá ao menos lhe oferecer a honra de manter-se com calças quando você não está por perto, ele ainda é um potencial portador de DSTs. Como a sexóloga americana Yvonne Fulbright proveitosamente apontou:

> *Tenho amigos que são monogâmicos em série, e, em todas as relações monogâmicas, o sexo, em algum momento, passa a ser desprotegido... Mais cedo ou mais tarde, após terem se colocado sob o risco de contrair HIV ou outra DST, eles terminam a relação e partem para a próxima, e a situação se repete.*

Então, como identificar o Sr. Nunca Estive Solteiro? Uma olhadela pelo currículo de encontros amorosos deve fazer o alarme soar. Ele passou algum tempo solteiro? Qual foi a relação mais duradoura dele? Se essas duas perguntas forem respondidas com semanas ou meses, passe para o próximo. Não espere que ele seja tímido ou reservado. Em sua maior parte, os monogâmicos em série tendem a ser expansivos, sociáveis e impulsivos – de que outra forma você acha que eles conhecem tantas mulheres? Eles também costumam se sentir atraídos por mulheres dinâmicas e por novos desafios – sejam estes esportes, trabalhos ou mulheres. Encare a realidade: sair com esse cara será equivalente a se aventurar em um *rafting* em águas perigosas – sacode, é empolgante e acaba quando você começa a se divertir.

> "Conheci David logo que me mudei para Londres. Eu estava sozinha e encontrando dificuldades para conhecer novos amigos. Então, de repente, surgiu esse homem maravilhoso

e que também me achava maravilhosa. Durante seis meses, ele me deixou louca. David me apresentava com orgulho aos seus amigos, me convidava para ir à casa dele quase todas as noites, cozinhava maravilhosos pratos. Planejava os mais incríveis passeios, como finais de semana românticos, ou então simplesmente acariciava meus cabelos por longos períodos, enquanto falava sobre quão maravilhosa eu era, e perguntava o que ele faria da vida se eu não tivesse surgido. Eu até mesmo cheguei a conhecer seus pais e a passar um final de semana com eles, que, por sinal, eram maravilhosos e me fizeram sentir-me muito acolhida.

Eu tinha me queimado em relações anteriores e, por isso, matinha minhas cartas apertadas junto ao peito com relação ao que sentia por ele. Conforme o tempo foi passando, entretanto, meus medos foram cada vez mais deixados de lado, e comecei a confiar que esse modelo de perfeição era real. FINALMENTE. U-HUL!

Então, por volta do sexto mês, enquanto nos abraçávamos numa manhã de domingo, eu olhei nos olhos dele e afastei a adorável mecha de cabelos negros que caíam por sobre sua testa. Eu disse: "Meu Deus, eu realmente gosto de você!"

O pânico que tomou conta daqueles olhos era quase engraçado. Ele não conseguiu sair dali rápido o suficiente e, de repente, tinha algo urgente para resolver naquele dia. Por volta da quarta-feira seguinte, eu fui deixada de lado, sem cerimônia alguma, porque estava sendo rápida demais. ARRRRRRRGGGGG! ”

Charlotte

Você foi avisada

A maior parte desse livro é sobre desvendar os motivos por detrás de namoros ruins e sobre mudar esses modelos destrutivos. É quase impossível forçar as pessoas a mudar, assim como você também não deve mudar. No entanto, você é capaz de alterar a forma como lida com situações e emoções. Dito isso, também é útil receber uma introdução sobre os tipos de homens que você deve evitar se quiser um final realmente feliz. Você é capaz de alterar totalmente a forma como aborda um relacionamento, *mas*, se continuar escolhendo esse tipo de sapo, realmente estará procurando problemas. Portanto, não diga que não foi avisada.

Capítulo 2

Era uma vez...

Agora você já sabe que sapos vêm em todos os tamanhos e formatos. É hora, então, de irmos mais fundo e darmos uma olhada na maneira como as princesinhas aprendem sobre os relacionamentos.

Não haverá propósito em tentar progredir na busca pelo Sr. Certo se continuarmos caindo constantemente nos mesmos erros. Revirar o passado pode ser tão incômodo quanto uma depilação com cera, mas não entre em pânico – tudo o que estamos fazendo aqui é tentar compreender por que continuamos caindo na mesma armadilha. Por que nos comportamos da forma como nos comportamos em relacionamentos? Se temos maus hábitos, de onde eles vêm?

Revirar o passado pode ser tão incômodo quanto uma depilação com cera.

Como as princesinhas aprendem sobre amor

Aprendemos sobre o amor por meio de uma série de fontes distintas. Aliás, nunca deixamos de aprender. Algumas experiências pelas quais passamos em nossas vidas são mais profundas que outras, e pode ser bastante difícil desvendar de onde suas atitudes são provenientes. Por exemplo, enquanto crescia, você era influenciada por contos de fadas ou revistas para adolescentes? Os relacionamentos passados afetaram a forma como você se comporta nos romances atuais?

Somos criaturas complexas, e a realidade é que *quem você é* agora é um mistura de muitas experiências diferentes. Embora você provavelmente nunca consiga identificar cada uma das influências, veremos alguns fatores que podem chamar a atenção. E eles são, no mínimo, pano para a manga.

Talvez o melhor ponto para se começar a avaliar seja como nossas famílias influenciam nossas ideias sobre como deveria ser uma relação adulta. Desde o momento em que nascemos, começamos a construir uma imagem do que significa ser homem ou ser mulher e de como os diferentes sexos devem se relacionar um com o outro. As crianças absorvem e interpretam as relações adultas ao seu redor e, para a maior parte dessas crianças, os pais são os primeiros modelos. Dar uma olhadela em como seus pais se relacionavam pode lhe oferecer alguns indícios de por que você se sente um pouco desorientada agora.

Muito do que sabemos sobre o amor é aprendido em casa

O poeta misantrópico Philip Larkin escreveu:

> *Teu pai e mãe f*dem contigo.*
> *Que não o queiram, tanto faz.*
> *Legam-te cada podre antigo,*
> *além de uns novos, especiais.*[1]

Meu Deus! Que deprimente! Larkin era um vagabundo desgraçado, e poucos de nós têm a má sorte de se sentir como ele se sentia com relação à nossa formação. E, ainda assim, muitos de nós ainda têm visões confusas sobre o que significa amar outra pessoa. Sei que tenho essas confusões. Então, de onde elas vêm?

Bem, a verdade é que *todos* os tipos de criação apresentam um efeito na forma como os filhos enxergam os relacionamen-

[1] N.T.: Tradução de Nelson Ascher.

tos. Considere, por exemplo, a maneira como os pais demonstram afeição. A maior parte dos pais e das mães sente muitas emoções por seus filhos, embora nem sempre saiba demonstrá-las. Alguns deles optam pela abordagem escola-das-pancadas, que pressupõe que crianças devem crescer de forma dura para enfrentar o que a vida trouxer para elas. O que se entende é que "mimar" as crianças com afeição física e emocional em excesso, ou mesmo não discipliná-las duramente, fará que elas se tornem incapazes de lidar com o mundo real – a velha concepção de "criança mimada, criança estragada".

Outros casais oferecem demais a seus filhos para recompensar o que enxergam como suas próprias falhas. Todos nós já vimos o clichê de um pai que, cheio de culpa, pensa que montanhas de presente substituem meses de ausência. Qualquer um com metade de um cérebro que funcione sabe que as crianças precisam de sua presença, e não de seus presentes. Nenhuma dessas criações extremistas nos prepara emocionalmente para o mundo real. Além disso, elas podem nos deixar com ideias distorcidas de como melhor demonstrar que nos importamos com alguém. Gosto de presentes lindos, como todos devem gostar, mas deixo de apreciá-los no momento em que descubro que eles funcionam como "substituições" de algo.

Os pais também nos passam mensagens bastante confusas a respeito de nossa forma de amar. Talvez você já tenha sentido que só era digno de amor se tivesse um boletim cheio de notas A ou se estivesse linda em um vestido cor-de-rosa. Talvez eles conduzissem a ideia de que o amor estava ligado ao "ser uma garota boazinha" ou ao honrar o nome da família. Os filhos costumam, por exemplo, perceber que os pais costumam amar facilmente uma criança que lhes lembre deles mesmos. Talvez seus pais tenham seguido o caminho inverso, enchendo-a de elogios mesmo quando você se comportava como uma criança arteira.

A caixa de ferramentas dos relacionamentos

Obviamente, nossos pais também influenciam nossa "Inteligência Emocional" – quão adequadamente entendemos e administramos nossas emoções e as emoções de outras pessoas. Sentimentos como empatia, compaixão, sensibilidade aos outros, diplomacia e escolha do momento certo são vitais para que tenhamos sucesso em nossas relações (e também em outras partes essenciais da vida, como manter um emprego, cuidar da casa ou escolher um bom vinho). Essas habilidades interpessoais são aquelas que, esperançosamente, herdamos de nossa família. Precisamos de alguém para nos passar essas "ferramentas" emocionais – caso contrário, teremos de lutar para que consigamos manter relações sólidas no futuro.

Se nossos pais nos oferecerem proteção, apoio, amor, receptividade e coragem, então teremos o arsenal e a autoestima para seguir adiante e construir relacionamentos saudáveis no futuro. Aprendemos a falar de uma maneira amável, a demonstrar afeição, a pedir o que necessitamos e a nos entregar aos outros, sem comprometer nossa própria felicidade.

O círculo de disputas

A maneira como seus pais se comportavam *um com o outro* também apresentará um efeito crucial em suas ligações românticas mais tarde. Isso não quer dizer necessariamente que, se seus pais passaram por um casamento ruim, você também passará. No entanto, pode ser difícil se livrar das lições ruins que eles lhe ofereceram. Não é surpreendente notarmos que filhos de pais divorciados tendem a se divorciar também – se tudo o que você viu foi pais que viviam em constante guerra, é provável que copie esse modelo.

De qualquer forma, não sejamos tão duras com quem se divorcia – e obrigada pela consideração, já que eu sou uma dessas. Pais que passam por um divórcio saudável podem apresentar efeitos muito mais positivos em crianças se comparados àqueles que ficam juntos e infelizes – afinal, imagine passar dezoito anos em uma casa com pais que não suportam se olhar. O ponto-chave é que pais que brigam regularmente estão preparando seus filhos para terem possíveis problemas no futuro. Crianças que crescem em casas preenchidas por conflitos familiares são propensas a desenvolver problemas de saúde mental, raiva ou ansiedade. Elas tendem a pensar que é muito complicado ter, no futuro, relações adultas que as satisfaçam. As crianças dessas famílias também desenvolvem, com frequência, estratégias prejudiciais para lidar com as situações – como acumular sentimentos negativos ou até mesmo praticar automutilação. (Discutiremos, no Capítulo 6, algumas técnicas para que tenhamos discussões produtivas.)

No entanto – e isso é algo RELEVANTE –, dizer que sua atitude diante dos romances é um resultado direto de sua infância é demasiadamente simplista. Afinal, esse argumento não leva em conta a sua personalidade e todos os outros fatores que influenciaram quem você é hoje. A questão é pensar sobre como seus pais se relacionavam e perguntar se isso exerce influência no tipo de homem pelo qual você procura hoje em dia.

Comparar namorados com sua família pode ser algo um pouco assustador. No entanto, esse processo é de grande ajuda. Muitas de nós procuramos caras que nos lembram de nossos familiares masculinos. Se você ganhasse um centavo a cada vez que escutasse uma garota dizer que gostaria de conhecer alguém como seu pai/irmão, bem, você já teria dinheiro suficiente para comprar um café e uma fatia de bolo. De qualquer forma, não é esse o centro da questão. A verdade é que costumamos procurar por homens que nos lembram de nossa infância – e não há razão para nos envergonharmos disso. Se, entretanto, você insistir que todo novo garoto deve adotar a barba de seu pai, fumar um cachimbo e tomar gosto por cuidar de uma horta, receio que você precisará de mais ajuda do que eu sou capaz de oferecer.

A questão é essa. Você precisa se questionar sobre alguns pontos estratégicos. Estou procurando por uma cópia do meu pai ou por alguém que seja completamente oposto? Espero ser tratada da mesma maneira que meus pais se tratavam – bem ou mal? Espero que o príncipe encantado me coloque no pedestal, como minha família fazia, ou sou realista e reconheço meus pontos fracos? Quais foram os papéis designados para homens e mulheres em nossa casa? Meninos e meninas eram vistos de forma igualitária?

Pudim emocional

Fazer o papel de pai e mãe não é como cuidar de uma fábrica de salsichas – duas crianças nunca são iguais, mesmo se você as tratar exatamente da mesma forma. No entanto, é senso comum dizer que alguns tipos de criação terão resultados largamente previsíveis. A maior parte dos pais cai em uma de quatro categorias bastante gerais, que tomam como base quão bem eles equilibram a necessidade de controlar os filhos e quão bem eles respondem às demandas infantis.

Fazer o papel de pai e mãe não é como cuidar de uma fábrica de salsichas – duas crianças nunca são iguais, mesmo se você as tratar exatamente da mesma forma.

Tomando emprestado o termo cunhado pela guru dos relacionamentos Julia Cole, esses diferentes estilos de pais criam "pudins emocionais" distintos. Assim como em *Cachinhos Dourados*, algumas famílias são quentes demais; outras são frias demais; e algumas estão na temperatura certa. Há, ainda, infelizmente, aquelas que se encaixaram na categoria da "tigela vazia". Você compreenderá isso tudo nas próximas páginas.

Frio demais

Você já conheceu uma família em que os pais são assustadoramente rígidos? Os pais autoritários fazem o papel de ditadores e esperam que as crianças obedeçam. As regras são duras, não raro inconsistentes e quase nunca quebradas. Os pais dessas famílias costumam não responder ao desejo de seus filhos e não veem razão para negociar. Eles costumam usar punição emocional – culpa, vergonha, constrangimento – ou punição física como ferramenta quando uma criança passa dos limites. E esses pais também, invariavelmente, acham difícil demonstrar afeição ou entusiasmo pelas conquistas de seus filhos e, ainda assim, têm grandes expectativas de sucesso.

Como isso pode afetar sua busca por um homem: *em seu exterior, você provavelmente pareça uma grande realizadora. No entanto, sob a superfície, você sente falta de autoconfiança e encontra dificuldades em situações sociais, embora tenha aprendido a ocultar isso muito bem? Há grandes chances de que você realize grandes esforços acadêmicos ou em sua vida profissional, mas pode ser que tenha de batalhar por sua autoestima e seja propensa à depressão. Na adolescência, você se rebelou e fugiu de casa ou se envolveu em comportamentos arriscados, como drogas, matar aula, crimes ou promiscuidade? Na vida adulta, você passou a se sentir atraída* *por homens que sabia que seus pais não aprovariam ou que exigem pouco de seu tempo e afeição? Ou você acha difícil escapar do modelo familiar e, por isso, escolhe parceiros emocionalmente frios, controladores ou dominantes?*

Quente demais

Essa é a família que você não quer ver sentada ao seu lado em um restaurante. As crianças correm loucamente, enquanto os pais assistem e aprovam. Essas famílias colocam pouquíssimos limites às crianças e respondem sempre prontamente ao choramingo de seus queridinhos. Os pais exigem muito pouco no que diz respeito ao bom comportamento e demonstram seu amor dizendo "sim" para tudo, não importando quão extravagantes sejam os pedidos de seus filhos. As crianças de famílias permissivas têm muito pouco limite em seus comportamentos e, portanto, raramente são castigadas. Não há limite de afeição nessas casas, e pais e mães tendem a serem mais amigos que efetivamente pais e mães dessas crianças, sentindo-se relutantes a impor qualquer tipo de regra que os torne impopulares.

Como isso pode afetar sua busca por um homem: *se for criada em uma família dessas, você não terá problemas com autoestima e autoconfiança em situações sociais. Ótimo. Infelizmente, como nunca lhe ensinaram a controlar seus impulsos, você costuma achar difícil equilibrar emoções ou se responsabilizar por seu comportamento em relacionamentos adultos. Como prefere fazer o papel de uma criança em vez de agir como adulta, você pode escolher uma figura paterna que atende a todos os seus choramingos ou optar por homens que são facilmente dominados e perdoam suas indiscrições e ataques de nervos. Seus parceiros podem tê-la acusado de ser egoísta ou imatura, e você pode ter de lutar para fazer os sacrifícios pessoais necessários para atingir uma relação feliz, equilibrada e duradoura.*

Hmm! – No ponto certo

Nessas famílias, há regras claras, e você conhece os limites, embora os pais estejam preparados para se comprometerem a se ajustar às necessidades do crescimento de seus filhos. Além de regras, esses pais ensinam seus filhos sobre tomada de decisões e independência. Confiança, comunicação e respeito são estimulados em ambos os lados, e os pais tendem a construir uma criação positiva – como recompensar bons comportamentos e não usar punições pesadas. Famílias desse tipo também tendem a não encontrar dificuldades para demonstrar carinho e apoio, aceitando e compreendendo os erros como parte do processo de aprendizagem.

Como isso pode afetar sua busca por um homem: *que sortuda! Se você cresceu em uma família assim, então se sairá muito bem ao se comunicar, será satisfeita e equilibrada. Você tende a se sair bem em relacionamentos com outras pessoas porque está feliz consigo mesma e, por conta disso, é fácil demonstrar amor. Para você, demonstrar empatia é algo simples – o que a transforma em uma boa candidata a uma relação duradoura. Você tem tendência a escolher homens que a fazem se sentir bem com quem você é, em vez de homens que preenchem qualquer necessidade autodestrutiva. Flexibilidade emocional provavelmente uma de suas características, o que torna possível a você recuperar-se de relacionamentos que deram errado e, assim, sentir-se capaz de tentar outra vez. Se você luta para manter um relacionamento, talvez haja outras questões fazendo você hesitar, algumas das quais veremos mais adiante.*

Uma tigela vazia

É o pior tipo de família. Esses pais ou são negligentes ou são abusivos. Eles não são exigentes, nem responsivos – não esperam nada de seus filhos e não oferecem nada como recompensa. Um pai ou uma mãe que não se envolve pode oferecer a base para que a criança sobreviva – alimentação e um teto –, mas permanecem emocionalmente distantes da vida dos filhos.

Como isso pode afetar a busca por um homem: *se isso lhe soa familiar, você é uma grande heroína – pelo simples fato de ter sobrevivido à infância com sua sanidade intacta. Pessoas com pais que não se envolvem tendem a ter de batalhar na maior parte das áreas de suas vidas, incluindo amor e vida familiar. Elas podem se pegar repetindo o tóxico ciclo de relações abusivas ou negligentes. É bastante compreensível que você possa encontrar dificuldades em confiar em outras pessoas ou em se prender a alguém em um romance, talvez por achar difícil controlar sua tendência à agressividade ou seu comportamento autodestrutivo. A boa notícia, entretanto, é que você é naturalmente forte e, pelo simples fato de ter escolhido este livro, já demonstrou que não deseja repetir os erros dos seus pais. Talvez seja hora de levar as coisas ainda mais adiante e conversar com um psicólogo sobre como deixar o passado para trás.*

A realidade da vida familiar é que seus pais podem não entrar em nenhuma dessas categorias – talvez eles tenham apresentado estilos diferentes de criação em momentos distintos. Até mesmo os melhores pais podem passar por fases de não envolvimento – por exemplo, quando o trabalho lhes causa muito estresse ou quando surgem preocupações financeiras. Irmãos e irmãs, ou enteados e filhos biológicos, também podem receber diferentes tipos de criação sob o mesmo teto – é quase impossível trabalhar irmãos de forma exatamente igual, mesmo que você tente. Todas as famílias são diferentes, mas a ideia de "pudim emocional" pode explicar, ao menos em parte, de onde vêm alguns de seus modelos e ideias sobre homens.

Amor de estimação

Os pais costumam ser um alvo fácil quando falamos de culpa. No entanto, como eu disse no início deste capítulo, há uma série de outras experiências na vida que afeta a forma como nos comportamos em relações adultas.

Quando as coisas estão dando errado em uma relação atual, você se vê fantasiando sobre um primeiro amor? Você ainda compara todos os novos parceiros ao primeiro namorado que teve na adolescência? Talvez em momentos de solidão, você até mesmo tenha pensado em entrar em contato com ele ou em procurar pelo nome dele no *Facebook*?

Se alguma dessas perguntas lhe soa familiar, você está em boa companhia. Mais da metade de nós costuma ter fantasias com nosso primeiro amor. Os primeiros amores são verdadeira, louca e profundamente emocionantes. Eles também nos fazem escrever poesias *realmente* péssimas. Porém, por que você ainda se lembra disso, se mal consegue se lembrar da cara do sujeito?

O primeiro corte é o mais profundo

O legado do seu primeiro amor é duradouro por uma série de razões. Afinal, seu primeiro relacionamento verdadeiro tende a coincidir com a adolescência – um período de hormônios desenfreados, pela crescente autodescoberta. Seu primeiro namorado costuma ser a primeira pessoa a quem você se liga, sem contar os membros de sua família – portanto, a forma como eles a tratam tem um efeito profundo em como você se sente com relação a você mesma. Ele se torna parte de sua identidade e, quando a relação termina – afinal, é o que ocorre em 99% dos casos –, você sente uma rejeição completa de si mesma.

Quando adolescentes se apaixonam, a experiência é como a ligação intensa entre uma mãe e sua criança. O primeiro amor é algo grandioso, empolgante e, normalmente, intenso. É impossível recriar aquele poder do romance mais tarde na vida, embora muitas de nós passemos muitas horas tentando – logicamente, em vão. Alguns cientistas comparam adolescentes apaixonados ao efeito da cocaína. Uma série de reações químicas ocorre no cérebro quando provamos a sensação do romance pela primeira vez – e essas reações têm efeito similar ao do uso da cocaína. Parece que o amor é *mesmo* uma droga.

O resultado desse primeiro amor pode ter um grande impacto no resto de nossa vida adulta, afetando a forma como amamos e quem amamos. Esse resultado pode, até mesmo, estabelecer padrões por meio dos quais avaliamos futuros parceiros ou estabelecemos modelos que seguiremos repetidas vezes.

Um chute sem-cerimônia

O amor de estimação certamente teve um efeito profundo em mim. Meu primeiro namorado e eu ficamos juntos por dois anos, dos catorze aos dezesseis. Parece coisa de aluna do colegial agora, mas, quando ele beijou outra garota e me deu um belo chute, eu fiquei completamente devastada. Dois anos é um longo período na vida de uma adolescente, e eu não conseguia imaginar como poderia voltar a ficar solteira – boa parte da minha identidade estava presa a ser parte de um casal. Antes de namorarmos, eu era invisível na escola. Tudo de que precisei foi um permanente malfeito, quilos de maquiagem e um cara atraente para que tudo mudasse para melhor.

Isso pode soar extremamente ridículo, mas nunca mais fiquei tão desorientada depois de um relacionamento, até mesmo quando meu ex-marido e eu decidimos seguir caminhos diferentes. Com dezesseis anos de idade, me senti totalmente rejeitada e, daí em diante, passei a esperar que todos os meus relacionamentos terminassem da mesma forma. Não sei se eu, inconscientemente, escolhia garotos jovens que não estavam totalmente comprometidos ou se comportavam de maneiras que reforçavam meu sentimento de insuficiência, mas, no fim, o resultado foi que, durante os quinze anos seguintes em que namorei, amei e me casei, os homens não me amavam tanto quanto eu os amava.

Não é surpresa que logo a rejeição chegou – ela só serviu para confirmar o que eu já pensava a meu respeito: era fácil perderem o interesse em mim. Até hoje, quando vivo um casamento feliz com um homem maravilhoso, nos meus mais obscuros momentos, ainda temo que, um dia, ele me deixe. É preciso reconhecer que essas são repercussões bastante fortes para o que, um dia, foi essencialmente um romance idiota entre dois adolescentes.

A sorte dos iniciantes

Outras pessoas tiveram uma experiência extremamente feliz em seu primeiro relacionamento. Aliás, essa primeira experiência, muitas vezes, foi tão surreal que pode ser difícil se ajustar às realidades da vida adulta.

Relacionamentos entre adultos podem ser difíceis, exigir dedicação e se tornar uma bagunça – frequentemente, sentimos saudade do primeiro amor, quando nos sentimos insatisfeitas ou frustradas com nosso parceiro atual. O primeiro amor é imortalizado como o parceiro perfeito, e anos preciosos podem ser desperdiçados desejando uma fantasia que não existe. Poucas pessoas que voltam a namorar o primeiro amor encontram uma relação que atinja as expectativas. É simples: não somos mais as mesmas pessoas que éramos quando adolescentes. Só como um exemplo, meu quadril, hoje em dia, tem o dobro do tamanho.

Poucas pessoas que voltam a namorar o primeiro amor encontram uma relação que atinja as expectativas.

Então, o que você pode fazer para se proteger do legado do primeiro amor? Andar de bar em bar com seu primeiro namorado e depois passar para o segundo, a melhor coisa a fazer é ser ultrarrealista sobre por que a ideia do primeiro amor parece tão interessante. Se você se pegar escutando sua mente falar sobre o primeiro amor, precisará se perguntar "Por quê?". Você está realmente insatisfeita com seu relacionamento atual? Acha a realidade das relações adultas complicada demais? Está escolhendo homens que lhe lembram dele, mesmo sabendo que você já não é a mesma pessoa? Resolver essas questões pode ajudá-la a fazer uma escolha melhor da próxima vez.

Amigos e pseudoamigos

Pessoas além da sua família e do seu primeiro amor também têm um efeito poderoso quando você escolhe um homem. Na adolescência, nossos amigos se tornam tão importantes quanto nossa família. Também é nesse período que desenvolvemos nossa própria maneira de falar, vestir e nos comportar para que nos sintamos parte de um grupo exclusivo. A pressão dos colegas pode exercer influência na escolha de namorados durante essa fase da vida. Você pode ter se sentido forçada a apenas sair com caras que eram vistos como bonitões, *bad boys* ou populares, embora tivesse uma preferência por *nerds* com óculos. É muito difícil marchar no ritmo da sua própria banda na vida adulta, mas é quase impossível fazer isso quando se está de frente com a morte social no colégio.

Conforme crescemos, ainda consideramos as opiniões de nossos amigos. Poucas de nós telefonam para os pais quando as relações estão tortuosas; em vez disso, o primeiro número que discamos é o dos nossos melhores amigos, felizes por gastar horas analisando, detalhe a detalhe, o que há de errado. Só há uma coisa pior que apresentar um novo cara à sua turma de amigas: apresentar um cara à sua turma de amigas e elas o odiarem. A ideia de *Somos Eu & Ele Contra o Mundo* pode parecer deliciosamente romântica no início, mas isolar-se dos amigos raramente é uma receita para a felicidade em longo prazo. É importante para nós que nossos namorados e maridos recebam o selo de aprovação de nossas amigas.

Se tivermos sorte, o radar delas vai funcionar – elas são capazes de reconhecer um sapo a um quarteirão de distância e ficam felizes ao lhe contar que você atraiu um anfíbio. Boas amigas costumam conhecê-la melhor do que você se conhece. Além disso, pode ser reconfortante receber delas a notícia nua e crua de que seu príncipe bonitão não passa de um sapo disfarçado.

No entanto, amigas são uma faca de dois gumes – ou, pelo menos, podem ser. Algumas delas podem ter suas próprias agendas quando querem dar conselhos sobre a relação. Pode ser que elas se sintam ameaçadas de perder sua amizade caso você se envolva em um relacionamento amoroso. Outras vezes, pode ser que sua amiga tenha planos com seu gato. Pode ser, ainda, que elas tenham medo de que a amizade entre vocês vá mudar para pior se você encontrar intimidade emocional em outro lugar. Amigas com intenções duvidosas não são amigas de verdade – são pseudoamigas –, mas, ainda assim, podem apresentar uma forte influência sobre quem você namora, quanto tempo a relação vai durar e como você se sentirá com relação a você mesma.

As coisas também podem ocorrer de forma contrária – talvez sua amiga prefira que você esteja envolvida em uma relação. Encontros de casais são algo extremamente divertido, e a possibilidade de você não estar mais envolvida em uma relação pode ser um obstáculo. Ninguém gosta de uma vela por perto.

Mesmo se os motivos de uma amiga não forem tão cínicos ou explícitos quanto esses, tomar uma decisão clara sobre um possível relacionamento pode ser um processo complicado quando se têm "conselhos" vindos de todas as direções. Comentários como "Ele não é bem o seu número, é?" não serão necessariamente úteis se você estiver tentando eliminar hábitos de relacionamentos anteriores e explorar tipos diferentes de relacionamentos. Também pode ser delicado tentar novas estratégias de namoro se elas forem esbarrarem nos limites religiosos, étnicos ou sociais de seu grupo de amigos.

As amizades são parte essencial de quem somos. Amigos nos oferecem intimidade, apoio e aceitação. Além disso, as amizades são uma boa fonte de diversão. No entanto, não se esqueça de que, no fim das contas, independentemente de quanto seus amigos amem ou odeiem seu gato, só pode haver vocês dois no relacionamento. Você precisa traçar seu próprio caminho.

Big bangs

Sentir-se bem consigo mesma é essencial para o sucesso de um relacionamento. Quanto maior sua autoestima, melhor a posição em que você se encontra para tomar decisões a respeito da relação. Quando você se sente bem, está mais propensa a escolher homens que apoiam essa visão positiva.

Entretanto, infelizmente, a vida tem o desagradável hábito de trazer as mais indesejáveis surpresas. Eu as chamo de "*big bangs*" – aquelas experiências tão profundas que podem devastar seu mundo e continuar apresentando influências por meses – ou mesmo anos – após o acontecimento. Luto, divórcio, doenças sérias, acidentes e excessos podem lhe puxar o tapete e abalar sua autoestima.

Uma quantidade saudável de autoconfiança pode nos ajudar a passar pelos altos e baixos da vida. No entanto, quando esses *big bangs* aparecem, eles se acumulam em nossos cérebros de forma bastante persistente. O resultado é que eles podem apresentar um forte efeito em nosso comportamento e colocar sérias restrições na maneira como levamos a vida. Isso, por sua vez, pode afetar nossas decisões ligadas ao amor.

Para evitar dores, costumamos não permitir que nos tornemos emocionalmente vulneráveis. Isso inclui evitar paixões. Após um desastre emocional, algumas de nós passam por períodos em que escolhemos relacionamentos não exigentes ou homens que não tentam entender profundamente quem somos realmente. Podemos evitar relacionamentos em geral ou simplesmente pular de uma aventura de uma noite a outra, para evitar qualquer tipo de intimidade verdadeira.

A má notícia é que essas memórias negativas podem nunca ser apagadas. (Embora cientistas estejam trabalhando em uma pílula para fazer isso... *e estou falando sério!*) A boa notícia, entretanto, é que você pode reduzir o impacto ao substituir ativamente essas lembranças por memórias positivas. Quando você se cerca de bons amigos e tem um trabalho que a satisfaz, por exemplo, paixões e prazeres lentamente diminuirão os efeitos de um trauma. Em outras palavras, você pode colocar as memórias ruins na última gaveta do seu armário cerebral, fazendo que se torne menos provável que elas estejam em primeiro plano na sua mente. Também é encorajador saber que os eventos da vida, até mesmo os mais horríveis, nos tornam pessoas mais interessantes e complexas. Aprendemos com nossos erros e com nossas memórias. Eu mesma prefiro conhecer alguém que traga algumas cicatrizes por ter lutado a alguém que nunca precisou lutar contra a dor da perda, do medo ou da decepção.

Contos de fadas

Além da família e dos amigos, quem são nossos modelos para relacionamentos? Livros? Cinema? Televisão? Revistas? A Inglaterra, por exemplo, prospera com uma mistura peculiar de pessoas que divulgam suas relações amorosas com famosos em troca de dinheiro e comédias românticas adocicadas. Nenhum desses casos reflete verdadeiramente a realidade dos relacionamentos e, ainda assim, muitas de nós acham difícil não se atrair pela ilusão.

As influências vêm de muitas formas: religião, mídia, educação, literatura e assim por diante. Todos os elementos de nossa cultura têm a oportunidade de nos ensinar algo sobre o amor e os relacionamentos, e, ainda assim, parece haver muito menos mensagens positivas que em qualquer outro momento da história. Se você passar uma semana analisando o conteúdo de todas as histórias sobre relacionamentos que surgem na mídia, por exemplo, qual seria a mensagem esmagadora? Peitos sempre são mais fortes que cérebros. Acabe com a reputação de uma pessoa para ficar com tudo o que ela tem. O tamanho da protuberância genital masculina é tudo o que importa. Relacionamentos violentos entre celebridades, claro. Nada muito animador, não é mesmo?

No passado, a religião oferecia um suporte moral a relacionamentos e casamentos. Até mesmo se você tiver divergências com a mensagem central da Igreja (como disse Homer Simpson: "Por que eu deveria passar metade do meu domingo escutando que vou para o inferno?"), é impossível negar que algumas das ideias mais deliciosamente reconfortantes sobre o amor têm sua base nos ensinamentos religiosos. Certamente, não quero debater aqui os prós e os contras da secularização, mas é interessante pensar sobre o que está preenchendo o vazio que a religião está deixando.

Quem nos ensina sobre relacionamentos e amor agora? Educação sexual, felizmente, já é parte da grade curricular de muitas escolas, mas tende a dizer muito pouco sobre o que significa, *emocionalmente,* estar em uma relação adulta. A maior parte das crianças de dez anos já sabe colocar um preservativo em uma banana, mas pouquíssimos jovens recebem qualquer conselho interessante sobre namoro, amor e compromisso. O governo também tende a se esquivar de qualquer tipo de orientação moral – é uma batata quente política e, como nação, desconfiamos muito daqueles que nos dizem como devemos nos comportar.

Então, sobra para a literatura e para a mídia a missão de abrir nossos olhos. Infelizmente, relações verdadeiras raramente são mostradas na tevê ou em uma leitura estimulante. Absorvemos mensagens muito confusas daquilo a que assistimos e que digerimos. A escritora e comediante Sharon Hogan expressa isso de forma brilhante.

> *Comédias românticas têm uma aparência ótima, elas são lindas. No entanto, aquilo tudo é essencialmente uma mentira – e é disso que gostamos nelas. Às vezes, você pode usá-las como um escape por algumas horas e fingir que a vida realmente é daquele jeito. Só que... não é. Porque ninguém vê os casais de comédia romântica depois de dez anos*

de relacionamento, quando pararam de transar porque um deles está nervoso com sua carreira que não decola e o outro virou uma chupeta de baleia.

Parece que bons relacionamentos não inspirariam programas de televisão interessantes. A roteirista Lisa Holdsworth explica:

> *Amor e romance movimentam a maior parte dos enredos na maior parte das peças de teatro e dos filmes. Os autores, no entanto, não se interessam por juntar casais. Queremos mantê-los separados pelo maior tempo possível. É por isso que os romances mostrados na tevê estão cheios de mal-entendidos de cortar o coração e de obstáculos devastadores.*
>
> *Os autores nos mantêm semana após semana (ou temporada após temporada, em alguns casos) esperando que o próximo seja o episódio em que as coisas finalmente se acertarão. Porém, uma vez dita a frase "eu te amo" e ocorrido o beijo, perde-se o interesse. Ou então, temos de separá-los e fazê-los passar por tudo outra vez, até que possamos reuni-los novamente.*
>
> *Na verdade, o que nós, escritores, estamos fazendo, é oferecer um modelo terrível para relações na vida real. Sabe aqueles mal-entendidos ridículos criados para manter o casal separado? Poderiam ser resolvidos com uma comunicação decente. Aqueles obstáculos avassaladores? Poderiam ser sinais avisando que aquele casal nem sequer deveria estar junto. O pior que fazemos, entretanto, é sugerir que, assim que o casal estiver junto, tudo será perfeito, e já não precisaremos mais assisti-lo, quando, na verdade, todos nós sabemos que é aí que a realidade começa.*

As histórias de ficção românticas não se saem muito melhor. Embora poucas mulheres modernas consigam engolir as historinhas da escritora Barbara Cartland [escritora inglesa de livros românticos] – que Deus guarde aquela alma cor-de-rosa –, ainda existe um mercado para finais felizes. Os leitores insistem nisso. E, embora eu realmente goste de leituras mais *calientes* (assim como qualquer garota), fico surpresa ao perceber como poucos romances dizem a verdade sobre o amor. Literatura e poesia têm o poder de nos esclarecer sobre o amor em todas as suas formas, e, ainda assim, a maioria de nós nunca se aventura a ir além dos *best-sellers*.

Embora eu realmente goste de leituras mais *calientes* (assim como qualquer garota), fico surpresa ao perceber como poucos romances dizem a verdade sobre o amor.

Então, o que uma garota pode fazer? Se você quer ter uma ideia melhor sobre o que realmente faz o coração de um homem e de uma mulher bater mais forte, uma das melhores atitudes a ser tomada é abrir os olhos para uma visão de mundo mais ampla a respeito dos relacionamentos. Comece lendo uma vasta gama de livros, não apenas romances românticos. O que os clássicos e os poetas famosos têm a dizer sobre o amor? Leia livros escritos da perspectiva de um homem. Procure revistas e jornais com olhos mais críticos. Saia da sua zona de conforto – escolha programas de televisão e filmes que possam oferecer uma visão diferente das comédias românticas. Veja o que a Filosofia e a Psicologia têm a dizer sobre relacionamentos adultos. Compre outros livros de autoajuda, eu me atreveria a dizer. Converse com pessoas que estejam em relacionamentos estáveis. Descubra o que elas têm a dizer.

Você receberá vários conselhos conflitantes, mas essa é metade da diversão. Conhecimento é poder, especialmente quando ele diz respeito a encontrar o Sr. Certo. Quem sabe, talvez você comece a ver que algumas das "verdades" do seu relacionamento não passam de fingimentos, no fim das contas.

Capítulo 3

Os cinco piores erros cometidos por mulheres

Você já saiu com um Príncipe Encantado que lenta, mágica e inexplicavelmente se transformou, bem diante dos seus olhos, em um sapo asqueroso?

Você não consegue acreditar em tamanha má sorte, não é mesmo? É algum tipo de alquimia reversa – quando você achou que estava chegando a algum lugar, seu garoto de ouro se transforma em montinho de caca.

Que diabos aconteceu? Ele parecia um dos caras mais legais do mundo. Bem, talvez ele fosse. E talvez ele tenha se cansado de ser assim. Se você for realmente honesta consigo mesma, poderá se questionar sobre se foi algo que você fez que acabou causando o ruir do relacionamento. Talvez seja hora de darmos uma olhada nos cinco pecados mais comumente cometidos por nós, mulheres, para que possamos compreender por que eles são tão mortais no mundo das relações.

Chega de homens bonzinhos?

A primeira coisa a dizer é que você não pode transformar um cara bonzinho em um cara malvado de uma hora para outra – a não ser que você faça algo realmente imperdoável. As pessoas podem ter personalidade maleável, mas é muito difícil modificar o núcleo moral de alguém. Os tipos de sapos apresentados no Capítulo 1, por exemplo, não são horríveis porque as princesas os fazem ser daquele jeito – dizer isso seria absolver os sapos de qualquer tipo de responsabilidade. No entanto, é certo que as pessoas, até mesmo as boazinhas, irão tratá-la da forma que você lhes permitir.

Em todos os tipos de situações sociais, é necessário mostrar às pessoas como elas devem tratá-la. Na vida adulta, depende de você ser clara sobre a forma como quer que as pessoas se relacionem com você – e, obviamente, isso se estende às relações românticas. Você quer ser tratada com respeito? Espera lealdade e compaixão do seu companheiro? Gostaria de ter liberdade física e emocional para ser si mesma? Acho que é o que você procura... mas você já declarou isso em voz alta?

Leia atentamente as instruções

Quando você compra um carro ou uma televisão nova, recebe um manual de instruções. É uma pena que pessoas não venham com esse livreto. A vida não seria muito mais fácil se, no primeiro encontro, você recebesse uma lista abrangente de instruções com gostos e desgostos, peculiaridades, expectativas e desejos? É o mesmo para o homem. Em vez de passar os próximos meses usando o tato em meio à escuridão dos encontros, vocês dois teriam uma ideia muito melhor formada sobre como gostariam de ser tratados.

Obviamente, a vida não é assim. No entanto, há algo a ser dito para que você consiga refletir sobre o que escreveria em seu próprio "manual do proprietário". Esteja você em meio aos sofrimentos de um relacionamento ou passando um tempo sozinha, por que não fazer uma lista das formas como você gostaria de ser tratada em um relacionamento amoroso? Escreva, se preferir. Você quer que o cara seja honesto com você? Espera que ele seja atencioso e gentil? É importante, para você, que ele tenha autocontrole e seja tolerante? E traços como generosidade, cortesia, confiança e amizade?

Esta lista é importante por duas razões. Em primeiro lugar, quando você se vir perdida em uma relação tumultuada, será importante reler sua lista de instruções para se lembrar daquilo que é relevante para você. Ela é esclarecedora quando você percebe que seu relacionamento atual está aquém das expectativas. Além disso, esta lista pode encorajá-la a exigir o que é melhor para você.

Em segundo lugar, os relacionamentos são uma via de mão dupla. Você nunca será a princesa de alguém se estiver se comportando como uma bruxa ou uma madrasta má. Você deve tratar seu parceiro da mesma forma que deseja que ele a trate. Portanto, deixe as ideias bem claras antes de começar a se perguntar se você está fazendo a sua parte na relação.

Erro nº 1: desespero é o pior perfume

Segue-se a isso que certos tipos de comportamento inevitavelmente criarão problemas em uma relação, mesmo se ela envolver o príncipe com o maior potencial. Você pode evitar todos os sapos do mundo, mas, se continuar cometendo o suicídio dos relacionamentos, o final feliz nunca chegará. Então, quais são os cinco erros mais cometidos pelas mulheres? Erro número um: o desespero.

Não é irritante quando alguém tenta exageradamente lhe vender algo? Inicialmente, esses vendedores podem até conquistar sua atenção, mas logo a abordagem de venda começa a soar desesperada. Cinquenta por cento de desconto! A promoção termina hoje! Leve dois pelo preço de um! Quanto mais desconto eles oferecem, menos atraente parece o produto. Você pensa consigo mesma: se o produto é tão bom, por que eles estão apelando tanto? Deve haver algo errado aí. Nove em cada dez vezes você se distancia, desconfiada porque está barato demais.

O mesmo acontece com relacionamentos. Se você entrar em uma relação desesperada por amor, vai se vender barato. Se você se sente desesperada, há chances de projetar esse desespero. Se correr o tempo todo atrás dele, não haverá necessidade de que ele corra atrás de você. E, para a natureza humana, se algo pode ser obtido facilmente, passamos a não querê-lo mais. Você quer mesmo ficar na prateleira dos descontos?

Para a natureza humana, se algo pode ser obtido facilmente, passamos a não querê-lo mais.

Então, como você fica sabendo se está sendo uma desesperada? Faça as seguintes perguntas a si mesma:

- Estou procurando pelo Sr. Ideal ou estou simplesmente em busca do Sr. Serve Você Mesmo?
- Estou me tornando cada vez menos exigente com quem saio?
- Minha lista de desejos em um relacionamento foi criada para: 1) homens de verdade; 2) qualquer um que aparecer?
- Ficar sozinha já se tornou tão entediante que comecei a pensar que qualquer homem serve?

Se você se sente propensa a esta categoria, não entre em pânico.

Pare de cometer o mesmo erro...

Há diversas ações que você pode tomar para cortar esse mal pela raiz. A primeira delas é parar de pensar se todas as relações são *a* relação. Ao se sentir mais tranquila e ao abrir a cabeça para cada novo namoro, você se livra de pressões. Há menos em jogo, então você pode se animar.

O segundo truque é parar de tentar se vender em todos os encontros. As pessoas que divulgam informações demais ou passam muito tempo se autopromovendo exalam desespero. Além disso, você acaba passando a imagem de que está forçando a situação para impressionar – um sinal clássico de insegurança. E não é nada interessante estar ao lado de alguém que fala incessantemente sobre si mesmo durante duas horas. Lembre-se de que ser um bom ouvinte é uma das coisas mais atraentes de um ser humano.

No início de um relacionamento, é importante que você se mostre lentamente, permitindo que seu gato também tenha a chance de falar sobre as experiências e os interesses dele. É necessário tempo para que a intimidade verdadeira se desenvolva. Da mesma forma, não gaste seu tempo precioso se denegrindo. Atrair a atenção para suas inseguranças não lhe renderá prêmio algum – você realmente vai querer usar a estratégia do voto de compaixão para conquistar alguém?

E faça um favor a você mesma: nos primeiros encontros, tente controlar o quanto você reclama sobre ex-namorados. Os anteriores podem ter sido cafajestes ou homens nada bem-dotados, mas falar mal deles em excesso só fará você parecer uma mulher amargurada.

Você também pode evitar conversas sobre o quanto quer se casar e como já planejou tudo para o grande dia – da roupa das damas de honra à primeira música da festa. E, definitivamente, não mencione o "Top-10 Nomes de Crianças" que já escolheu. Enquanto você estiver ocupada debatendo sobre se prefere Grace ou Vitória para sua futura filha, seu gatão já terá saído correndo, passando por cima de todos e deixando um buraco com forma de homem na parede.

Erro nº 2: grude demais não é legal

Você já esteve em uma relação na qual enviava compulsivamente mensagens de texto, *e-mails*, ou, então, telefonava o tempo todo? Exigia constantemente declarações de amor ou elogios? Fazia que ele se sentisse culpado quando queria passar um pouco de tempo sozinho ou com os amigos?

Passou a maior parte do tempo se sentindo carente ou insegura? Você se sentiu aterrorizada quando ele não telefonou na última hora? Analisa tudo o que ele diz e faz?

Nunca é bom sinal quando o cara precisa forçar seus dedos para longe da cintura dele na hora de sair de casa. Comportar-se como uma grudenta não é apenas humilhante para você e irritante para ele, mas também uma garantia de que você está declarando uma sentença de morte às suas esperanças de uma felicidade duradoura. E é por isso que este é o erro número dois.

Nada pode gerar uma atmosfera mais sufocadora. Os relacionamentos precisam de tempo e espaço para crescer – e como isso vai acontecer se você jogar adubo o tempo todo para vê-lo florescer? Você está fazendo a relação se tornar tão viva quanto uma pedra. Todos nós precisamos que nossa segurança seja restaurada de tempos em tempos, mas, se você se comportar constantemente como uma criança exigente, não se surpreenda por ter de lutar para encontrar o Sr. Certo. Nesse tipo de relacionamento, a dinâmica costuma piorar com o tempo, e não melhorar. Quanto mais você agir como uma criança pidona, mais seu príncipe conterá as afeições. Você se sente pior e passa a exigir cada vez mais. Ele se recusa a ser intimidado, a demonstrar afeto e se recolhe ainda mais.

Pare de cometer o mesmo erro...

Você precisa se perguntar por que está sendo tão pegajosa. Se é por falta de confiança em seu parceiro, então você tem duas escolhas – e ambas envolvem atacar diretamente o problema. Se você não confia porque ele é inerentemente indigno de confiança e já provou isso várias vezes, é hora de parar de se punir com uma relação inadequada e seguir a vida. Se os problemas de confiança estiverem em você e em suas inseguranças, você precisa descobrir o que os está causando. Aquele dito popular "gato escaldado tem medo de água fria" pode torná-la muito desconfiada dos motivos de outras pessoas, até mesmo quando elas não lhe dão razões para desconfiança. Resolver esses problemas, seja por meio de conversas com amigos e familiares, seja com a ajuda de um profissional treinado, vai ajudá-la a se sentir mais segura e a seguir adiante.

O tédio e a solidão também podem nos tornar pegajosos e inseguros em um relacionamento. É comum que isso ocorra quando uma das partes do casal está desempregada (e passa o dia inteiro em casa) ou quando se sente frustrada com a vida. Começamos a nos sentir mal pela falta de liberdade e de sucesso de nosso parceiro. Sentimo-nos deixadas para trás. Em vez de recebermos validação do mundo exterior, esperamos que nosso parceiro seja capaz de nos fazer sentir confiantes e valiosas novamente. No entanto, é pressão demais para ser colocada em apenas uma pessoa.

Se você sente que isso pode estar acontecendo em sua relação, a maneira mais rápida de resolver o problema é adotar atividades que façam você se sentir bem consigo mesma, sejam eventos sociais, trabalhos ou *hobbies.* Meu Deus, até mesmo dançar quadrilha é mais divertido que passar o dia inteiro com a bunda sentada e sem fazer nada (embora as duas atividades quase empatem). Os relacionamentos funcionam melhor com vidas, carreiras e amizades independentes. Viver exclusivamente na vida de seu parceiro não é a ideia de amor perfeito de ninguém.

Erro nº 3: grite se quiser acelerar

Pense, por um minuto, em andar de montanha-russa. Os adoradores de aventuras amam montanhas-russas porque apreciam o elemento de risco envolvido nas atividades intensas. Liberdade, terror e euforia abruptos são um contraste total da vida diária, a qual pode, frequentemente, parecer estressante ou planejada demais.

No entanto, algumas pessoas se sentem movidas pelo efeito químico resultante da experiência de várias emoções alternadas rapidamente. Em um minuto, você está gritando de medo; no próximo, você ri com histeria. Nem todo mundo aprecia essas sensações, mas muitos, de fato, as adoram. Isso explica por que algumas pessoas nunca querem andar de montanha-russa pela segunda vez, enquanto outras não querem sair do brinquedo.

Namorar pode ser parecido. Algumas mulheres insistem no estresse e na chateação de relacionamentos instáveis. O vai e volta constante. A competição de gritos seguida pelo sexo sensacional. Os tumultos, as portas batendo e as lágrimas no travesseiro. Emocionante, mas definitivamente longe de ser um relacionamento duradouro e, definitivamente, o erro número três. E quer saber o porquê? Estar emocionalmente fora de controle a deixará, em longo prazo, exausta. Assim como você não pode andar de montanha-russa pelo resto da vida, seu corpo e sua mente também são incapazes de suportar as confusões de um relacionamento problemático. E, embora possa parecer romanticamente maravilhoso passar por experiências de altas emoções, é impossível sustentá-las por muito tempo. Se seu relacionamento absorver toda a sua energia, você se sentirá esgotada para lidar com carreira, saúde, família e amizades.

No futuro, se você pensa em se casar e ter filhos, é crucial ter controle de suas emoções. Você e seu parceiro têm a grande responsabilidade de oferecer um ambiente seguro e estável a seus filhos. Suas escolhas e seu comportamento apresentarão efeito direto sobre as crianças. Se seus filhos começarem a ser afetados pelos dramas, então as brigas de gatos seguidas por abraços começarão a parecer um pouco esfarrapadas.

Pare de cometer o mesmo erro...

Muitas pessoas que acabam em relacionamentos volúveis frequentemente se atraem por seus modelos autodestrutivos. Você se lembra do estilo de criação "Tigela vazia", apresentado no Capítulo 2? Se você cresceu em uma família negligente ou que não lhe dava atenção, pode ser que nunca lhe tenham ensinado a lidar com suas emoções de forma racional e adulta. Ou então, você acha os afetos imprevisíveis de seu parceiro emocional quase tão confortantes quanto familiares. Talvez sua família seja parecida com os pais permissivos sobre os quais discuti no mesmo capítulo, e, ainda assim, você está lutando com a ideia de que é incapaz de trilhar seu próprio caminho.

Às vezes, as pessoas se prendem ao drama absoluto de um relacionamento instável. Se o resto da sua vida não a preenche ou não lhe parece animador, não é surpresa descobrir que você pode se sentir atraída pela ideia de criar conflitos em sua vida amorosa. O amor nunca parece tão forte quanto quando você sente que está prestes a perdê-lo.

Às vezes, as pessoas se prendem ao drama absoluto de um relacionamento instável.

A não ser que você esteja preparada para passar o resto da vida no limbo dos romances, precisa dar uma pancada na cabeça desse péssimo hábito. Se seus ataques tendem a ser explosivos, pode ser que valha a pena aprender algumas técnicas de administração da raiva (recorra ao Capítulo 6 para mais dicas sobre discussões e raiva). Se você mantiver a cuca fresca, deixará de ver desacordos menores tornando-se uma competição de berros.

Entretanto, se você suspeitar que se sente atraída por relacionamentos inconstantes porque tem medo da intimidade ou porque tem um comportamento autodestrutivo, pode ser que tenha chegado a hora de conversar sobre tudo o que está acontecendo com uma terceira parte. Você pode até mesmo não saber o que está por trás do seu comportamento – um profissional treinado pode, gentilmente, provocar respostas e ajudá-la a evitar que a história se repita.

Erro nº 4: oooh, mas ele é lindo!

Já namorou um cara com rostinho de modelo e cérebro de ervilha? Ele ostentava uma barriga de tanquinho enquanto se esforçava para conseguir formular uma frase completa? Namorar um cara só pela aparência é, sem dúvida, raso. No entanto, de acordo com a Biologia Evolutiva, pode não ser totalmente culpa sua. Muitos estudos têm demonstrado que certas características físicas que tipicamente chamamos de "boa aparência" são, de fato, universalmente atraentes. Parece que nós, garotas, nos atraímos de forma irresistível por homens com rosto masculino e angular, maxilar saliente e muita massa muscular. Todos esses traços sugerem altos níveis de testosterona em um homem – uma qualidade que nossas ancestrais pré-históricas distantes (e nitidamente mais peludas) entendiam como um potencial bom procriador. Um caso simplesmente de "a presa é sua ou minha?"

> **Já namorou um cara com rostinho de modelo e cérebro de ervilha?**

Também associamos a "boa aparência" com certos traços de personalidade, mesmo quando o homem em questão não os tem. Isso é chamado "efeito halo", e numerosos experimentos demonstraram que mulheres pensam que homens bonitos apresentam certos atributos – mesmo quando eles são perfeitos idiotas na vida real. Com base apenas nas aparências, parece que o sexo feminino supõe que esses homens ganham mais dinheiro (em média 12% a mais), são mais felizes, mais populares e menos propensos a cometer crimes. Por exemplo, uma pesquisa assustadora da Universidade de Oslo apontou que as punições recomendadas para ladrões bonitos eram 24% mais leves que aquelas aplicadas em malandros com aparência comum. Para crimes mais sérios, como homicídios e estupros, as sentenças eram aproximadamente 10% mais leves. Parece que os bonitões conseguem sair impunes de assassinatos, literalmente.

Certamente, não estou dizendo que todos os homens bonitos se transformarão em Maníacos do Parque, mas é interessante notar que nós, mulheres, damos mais créditos aos graciosos do que eles merecem – o que, possivelmente, explique por que namorar apenas pela atração física é algo tão traiçoeiro. Somos tão ofuscadas pela beleza que acabamos não vendo, muitas vezes, o que está bem diante de nossos olhos – ou seja, que aquela pessoa não é divertida, inteligente ou gentil o suficiente para ser considerada material duradouro. Ou que eles são tudo isso, mas não passam no teste da compatibilidade. E, mesmo quando as coisas claramente não estão indo a lugar algum, ainda continuamos com a corda no pescoço para não encarar a perda de um parceiro tão superficialmente perfeito.

E pense naquela pobre alma. Ele não merece alguém que o ame por algo que vá além do tanquinho – ou seja, por sua personalidade? Ele pode ser realmente legal, sensível e adorável por sob toda aquela face esculpida e aquele corpo torneado. E aqui está você, interessada por nada mais que belos traços e um corpo atraente, sua atrevida!

Pare de cometer o mesmo erro...

Você pode pensar que a solução para esse problema seria muito simples. Sair apenas com homens horrorosos.

A teoria por detrás disso é que, se o seu homem for mais pato que Pattinson, ele ficará tão agradecido por poder sair com você que vai se comportar como o cavalheiro perfeito, se esforçar muito para satisfazê-la na cama e tratá-la como uma princesa.

Não se engane. Sair com alguém com aparência de espinafre é tão raso quanto namorar um banquete. Em ambos os casos, você está procurando por aparência, em vez de buscar personalidade. É hora de deixar de lado a superficialidade e tentar realmente sair com alguém por sua personalidade, e não por seus traços físicos. Sim, você precisa achá-lo atraente (o Capítulo 5 abordará a importância da química sexual), mas também precisa haver algo mais substancial na relação. Em relacionamentos duradouros, em pouco tempo você se acostuma com a aparência exterior de seu parceiro. Não é que você pare de gostar dele ou de apreciar aquela beleza – mas, assim como ocorre com uma bela pintura pendurada na parede, você simplesmente não presta atenção. Outros traços, então, se tornam mais relevantes. Quanto mais você conhece alguém e gosta daquilo que ele defende, mais atraente essa pessoa se torna. Hoje em dia, meu marido tem uma aparência muito diferente daquela que tinha quando nos conhecemos, e, ainda assim, me sinto muito mais atraída por ele hoje do que quando começamos nossa relação. Isso não significa que não fiquei sem ar nas primeiras vezes em que saímos – certamente fiquei –, mas só fiquei totalmente impressionada quando descobri mais sobre o que ele tinha para fazer meu coração bater mais forte.

Erro nº 5: tem alguém em casa?

Assim como o desespero é o pior perfume, parece que as mulheres são incapazes de resistir à tentação da

Eau d'Indifférence. É um fato triste, mas homens emocionalmente inacessíveis funcionam como verdadeiros ímãs para mulheres. Quanto mais eles resistem, mais nós tentamos. Quanto mais frio é o comportamento deles, mais loucas por eles nos tornamos. Nós, mulheres, adoramos um desafio, embora haja um quê de autodestruição em desejar um relacionamento com alguém que não pode ou não quer sair com você. E é por isso que este é o erro número cinco.

Então, o que define um homem emocionalmente inacessível? Poderia ser um caso de "o cara certo na hora errada". Não se trata, necessariamente, de um sapo – talvez ele seja um príncipe em uma situação tortuosa. Ele pode ser o Sr. Confusão. Ele pode ser o Sr. Sofrimento. Ele pode apenas ser o Sr. Tumulto. Seja lá o que ele for, não está no momento certo para o início de um relacionamento. Com ninguém.

Talvez – ou talvez não – você seja a Srta. Errada, e ele não tem coragem de lhe contar isso. Você se apega à esperança de que, um dia, ele irá acordar e perceber que você é o amor da vida dele. Você continua repetindo isso a si mesma, afinal, é isso o que deseja tão desesperadamente. Sinta-se à vontade para tentar e aguentar até o fim, mas é provável que você tenha de esperar. E esperar muito.

Ou então, pode ser que ele seja o cara errado, na hora errada. Alguém que nunca será seu, não importa quanto tempo você espere. Ele pode ser emocionalmente inacessível porque sabe que isso atrai as mulheres. E, nesse caso, ele é um pegador. Que legal. Ou então, pode ser que ele seja inacessível por não ser capaz ou não ter tempo de se envolver em um relacionamento. Melhor ainda, não?

Então, por que a atração? Algumas mulheres adoram se testar. Sair com um homem emocionalmente inacessível é como escalar o Everest de chinelo: pouquíssimos conseguem – e os que obtêm sucesso se estraçalham durante o processo. Para algumas mulheres, um deficiente emocional faz o lado maternal aflorar. Elas sentem que, com amor, paciência e esforço suficientes, são capazes de transformar qualquer um em material perfeito para namoro. Outras estão tão acostumadas a não receber o que buscam em um relacionamento que começam a pensar que isso é o que merecem. Portanto, entrar em um relacionamento com um homem emocionalmente indisponível só confirma o que já sabemos sobre nós mesmas.

Sair com um homem emocionalmente inacessível é como escalar o Everest de chinelo.

Pare de cometer o mesmo erro...

Então, como você deixa para trás essa tentação em particular? O primeiro passo deve ser na direção de estabelecer por que você procura esse tipo de homem. Talvez você devesse refletir sobre se está, inconscientemente, optando por homens inadequados para sabotar qualquer possibilidade de uma relação que realmente envolva amor – e que, portanto, também seja potencialmente arriscada. Você está mesmo colocando seu coração na reta? Talvez pense não merecer uma felicidade duradoura ou, então, que ela é intangível. É hora de descobrir por que você está procurando homens que não a querem.

Volte ao conceito de "manual do proprietário" apresentado no início deste capítulo. Questione-se sobre o que você realmente quer em um relacionamento. Imagine o que espera sentir. Imagine como estaria a relação nos períodos de um, dez e cinquenta anos. Agora, pergunte a você mesma: O Sr. Inacessível vai preencher aquilo que procuro? Acho que não.

Capítulo 4

Vai catar coquinho, Príncipe Encantado...

Então, vocês terminaram? Veja só... isso não é ótimo? Todo o investimento de tempo, esforço e emoções descendo diretamente pelo vaso sanitário. A primeira coisa que você pensa é: "por que eu me importei com ele?".

Não é nada divertido quando sentimos nosso coração pisoteado. Felizmente, a maioria de nós logo consegue levantar, sacudir a poeira e dar a volta por cima. Mas o quão logo é logo *demais*?

Este é um livro sobre encontrar o Príncipe Encantado – e, mesmo assim, este é um capítulo sobre evitar relacionamentos. Às vezes, é bom reconhecer que você precisa passar um tempo sem relacionamentos. Talvez você não esteja no estado de espírito para isso. Talvez esteja correndo o risco de engatar relacionamentos consecutivos. Talvez ainda deseje um amor perdido. Ou pode ser que só precise de tempo para perceber que perseguir seu ex-namorado provavelmente lhe renderá uma ordem judicial de afastamento, e não um reencontro romântico.

Às vezes, você precisa de um momento para respirar. Descansar é tão bom quanto um feriado, especialmente quando diz respeito a namoros. Se você acaba de sair de um relacionamento, é importante que se permita recuperar-se emocional e fisicamente. Você precisa de tempo para analisar o que aconteceu de errado e, da mesma forma, estudar o que ocorreu certo.

Se você pensa que não precisa de um intervalo porque aquele relacionamento foi só mais uma tentativa, talvez seja a hora de se perguntar por que você se tornou uma namoradora em série. Você está saindo com homens apenas para evitar resolver algo que a chateia ou para que se sinta temporariamente melhor consigo mesma?

Cinco sinais de que você precisa de um tempo longe dos homens

1. **"Homem é tudo igual."** Se você se pegar falando mal do sexo oposto constantemente, é hora de refletir. Começar todas as novas relações com expectativas tão baixas é injusto com seu parceiro. Além disso, é como uma profecia de que sua relação não terá futuro.

2. **A mesma garota com um sapo diferente.** Todo mundo tem um "tipo", mas você tem certeza de que não está procurando o mesmo sapo repetidamente? Se todos os relacionamentos terminam com um coaxo, é hora de sair do circuito e estudar o que está por trás de suas más escolhas.

3. **Como-ele-se-chama?** Nada acaba mais com o momento que chamar a pessoa pelo nome errado. Se você se pegar confusa em meio ao alfabeto ou chamando todos os namorados de "querido", pode ser que seu cérebro não esteja funcionando no ritmo da sua cama.

4. **Agenda cheia.** 9h00 Jeff – café. 11h30 Chris – cinema; 15h00 Bob – amasso rápido. 19h00 Sam – jantar e sobremesa. Sua agenda está mais parecendo uma lista infinita de consultas? Se você não tem tempo para amigos, família e diversão, está sob o perigo de uma *cheia* de encontros.

5. **Falar sobre seu ex.** Se você está no fundo do poço ou sente muita saudade dele, se não consegue parar de falar do seu ex, bem, então é hora de aceitar que

você não está pronta para um novo relacionamento. Permita-se tirar um tempo para você mesma e tente novamente mais tarde.

Boing! O mundo elástico dos relacionamentos consecutivos

O que acontecerá, então, se você não der uma pausa entre relacionamentos? Um dos maiores perigos é entrar em uma relação "consecutiva" – ou com alguém que não tem nada a ver com você, ou com alguém de quem você nunca terá atenção e comprometimento.

Tenho uma confissão a fazer. Conheci meu marido poucas semanas depois de me separar do meu ex. Hipócrita, *moi*? Bem, um pouco, talvez. No entanto, também gosto de apontar que conhecer alguém tão pouco tempo depois do devastador final do meu primeiro casamento não foi o caminho mais fácil a ser tomado. Embora tudo tenha dado certo, no fim das contas, eu certamente não recomendo que você siga isso como uma estratégia de namoro. Você entenderá o porquê em um minuto.

Então, quando você sabe se uma consecução é uma consecução? Não há tempo-limite estabelecido a adotar entre namorados, mas há boas chances de que você não tenha deixado para trás o último amor se ainda de marcar as três afirmações a seguir:

- ☐ Seu ex ainda navega diariamente em seus pensamentos.
- ☐ Quando você pensa nele, sente emoções esmagadoramente intensas (sejam elas tristeza, arrependimento, culpa ou saudade).
- ☐ Você ainda se sente indisposta a responder perguntas sobre o relacionamento.

Muitas pessoas satisfazem uma dessas condições – inclusive eu mesma –, mas é a combinação única das três que demonstra sinais de que você não está emocionalmente pronta para um novo relacionamento. Pode ser que você ainda pense diariamente no seu ex, mas se os pensamentos não vêm acompanhados por sentimentos intensos ou por um forte desejo de cutucar cicatrizes emocionais, é um sinal promissor de que você já deixou aquele relacionamento para trás.

São inúmeros os problemas com relacionamentos consecutivos. Em primeiro lugar, você raramente fará um bom julgamento enquanto estiver passando por uma crise emocional. Estar estressada ou chateada geralmente a força a tomar decisões imprudentes das quais você virá a se arrepender. É como tentar realizar a compra de uma perfeita combinação de roupas em um intervalo para almoço de dez minutos – pode até ser que encontre o vestido ideal, mas, na maior parte das vezes, você está com tanta pressa que acaba comprando algo que não serve, custa caro demais e se parece com uma cortina de box. Nada bom!

Esse tipo de relacionamento pode ser comparado a colocar um *band-aid* em uma perna quebrada. Jogar-se nos braços (ou na cama) de outro homem parecerá ótimo temporariamente, mas não consertará o coração quebrado que existe em você. Você irá reprimir seus sentimentos e, antes de se dar conta, o cara estará diante de uma bomba-relógio emocional ambulante. *Boom!*

Isso não é apenas injusto com o homem em questão – lidar com o subproduto de um relacionamento anterior é uma tarefa ingrata... pode perguntar ao meu marido –, mas também não oferece ao novo relacionamento uma oportunidade de prosperar. Cada minuto que você gasta pensando na relação anterior é um minuto que deixa de passar focando o novo relacionamento. Como um Jacob Marley abandonado, você estará carregando uma cruz emocional formada no passado. E isso é uma sobrecarga enorme em qualquer história amorosa.

Talvez, acima de tudo, você não esteja sendo justa consigo mesma. Quando uma mulher sai de um relacionamento, ela costuma estar ferida e abatida, como uma sombra do brilho que tem em seu interior. Ou pode ser que tudo seja o contrário, e você cultive um nariz empinado, uma atitude de "não estou nem aí" – o que também não é justo. Se você conhecer um cara agora, ele provavelmente terá uma visão distorcida da sua personalidade. Há quem diga que, se ele a conhecer no seu pior momento, então será capaz de amá-la quando você estiver melhor. E isso é parcialmente verdade. O fato de o meu atual marido poder me amar, até mesmo quando eu lamentava e rangia os dentes, me ajudou a acreditar que os sentimentos daquele homem realmente eram verdadeiros. No entanto, isso foi um enorme peso nos ombros dele, e ainda fico impressionada por ele não ter pulado fora.

O perigo, todavia, é que você acabe namorando alguém que só conhece a versão sua de quem engata uma relação na outra. E, pior ainda, ele pode até mesmo preferir essa sua versão a você verdadeira. Assim que você deixar a vulnerabilidade e a carência para trás – ou até mesmo deixar de ser uma pobre coitada –, não há garantia de que ele vá gostar do que você é. Somente quando voltar ao normal você poderá tomar consciência de se ele realmente gosta de você em sua forma real, confiante e independente. E, além disso, é somente nesse ponto que você saberá se realmente gosta dele.

A alegria de estar solteira

Chega de melancolias. Esqueça-se dos relacionamentos consecutivos por ora, e vamos descobrir por que passar um tempo solteira é tão crucial no processo de se tornar uma parceira equilibrada, de coração aberto e não obsessiva no futuro.

Aprendemos as melhores lições sobre o amor quando estamos solteiras. Os relacionamentos costumam ser tão totais e absolutos que raramente temos a chance de parar, pensar e reavaliar em meio a que estamos. Períodos como solteira são uma oportunidade muito importante para entender quem você realmente é, o que quer e para onde está indo.

Períodos como solteira são uma oportunidade muito importante para entender quem você realmente é, o que quer e para onde está indo.

Pode ser difícil, entretanto, ver o lado interessante de estar solteira quando você acabou de ter seu coração destruído. Porém, isso, por si só, é outra razão para você dar um tempo antes de entrar em outro relacionamento – o fim de um amor significativo pode ser tão traumático quanto o luto, e você precisa sofrê-lo antes de tentar começar outra vez.

Como um coração quebrado promove sua própria cura

Pode parecer um pouco dramático demais comparar o fim de um relacionamento com a morte de um ente querido, mas qualquer um que já passou pela experiência de ter seu coração partido saberá quão adequada é essa analogia. Aliás, os conselheiros sentimentais costumam comparar a dor de um coração partido à dor do luto, já que, em ambos os casos, aquele que sofre costuma passar por sentimentos semelhantes e ter comportamentos parecidos.

É importante entender e reconhecer cada estágio da recuperação de um coração partido. Analisando retrospectivamente, as melhores relações são aquelas construídas por duas pessoas que passaram bastante tempo solteiras. E estar solteiro e feliz só é possível quando você se recuperou completamente da angústia de um fim de relacionamento anterior.

Quais são, então, os estágios da cura de um coração? E como você reconhecerá que esse processo já se completou para poder, então, começar a aproveitar seu momento como solteira de forma completa – e, finalmente, se desejar, encontrar seu Príncipe Encantado?

Está bem, comecemos pelo momento em que o relacionamento termina. (Você pode não passar por todos esses cinco estágios, ou alguns podem afetá-la mais profundamente que outros, mas entenderá os fundamentos principais.)

1. **O estágio "Isso não está acontecendo comigo!"**
   Também conhecido como o estágio da negação, este momento tende a ser uma fase relativamente breve, na qual você se recusa a aceitar a verdade de que o relacionamento acabou, ou então tenta minimizar a importância disso. Você pode se sentir entorpecida, calma ou até mesmo com o coração estranhamente leve. Seu cérebro provoca esta reação em resposta à notícia que é simplesmente complicada demais para ser aceita no primeiro momento. Até mesmo a mais racional de nós pode se comportar de forma estranha durante este estágio – seja mantendo o fim do romance em segredo ou perseguindo seu ex. O susto pode nos levar a tomar atitudes curiosas.

2. **O estágio "Que perfeito idiota."**
   Logo você começa a se dar conta da realidade, e eis que surge a raiva. A vida parece injusta; todos estão felizes, exceto você; como esses casais se atrevem a estar apaixonados; e, acima de tudo, como ele pôde

fazer isso com VOCÊ? Uma dor imensa toma conta e, às vezes, é mais fácil sentir raiva que tristeza. Você pode, até mesmo, começar a tramar algum tipo de revanche com a esperança de se sentir melhor. Isso tende a ser o estágio de "enfiar a tesoura nas roupas dele/destruir o carro dele/mandar cartas anônimas para a namorada nova dele".

3. **O estágio "Vou fazer tudo para tê-lo de volta."**
   Conforme a raiva desaparece, o que fica é a verdade nua e crua de que você está sozinha. É neste estágio que muitas pessoas lançam mão de barganhas – tentar recomeçar o relacionamento de qualquer jeito, até mesmo de um jeito desesperado. Você promete que será uma namorada melhor, oferece aceitar infidelidades, implora para tê-lo de volta – mesmo quando ele não pode oferecer o que você quer. (Este é o momento-chave no qual os casais beligerantes costumam tentar novamente, mesmo que um dos lados tenha, efetivamente, abandonado suas armas. Não é o fundamento ideal para um sucesso em longo prazo, já que os ressentimentos antigos logo se incendiarão.)

4. **O estágio "Tudo faz que eu me lembre dele."**
   É aqui que as coisas ficam mais difíceis. Vocês finalmente perceberam que não vão voltar, e a única forma de seguir adiante é passar por semanas ou meses de tristeza. Compre um estoque de lenços, porque é provável que você chore e resmungue muito. Todas as músicas/comédias românticas/embalagens de chocolate farão você se lembrar dele. Seus amigos ficarão cansados da compaixão enquanto você analisa, detalhe por detalhe, seu relacionamento. No en-

tanto, continue assim, porque este é o estágio mais importante no processo de deixar alguém para trás e, uma vez completo, você já estará muito distante de seu ex.

5. **O estágio "Já era."**
   Este último estágio é o de aceitação. Aceitação de que o relacionamento acabou e de que é hora de prosseguir com o resto da vida. Namorar outra pessoa provavelmente pareça um passo largo demais neste momento – tudo ainda é recente demais –, mas agora é uma boa hora para refletir sobre como você explorará ao máximo a nova vida de solteira.

Espremendo até a última gota a fase solteira

Há momentos em sua vida de solteira nos quais você se sente tão amada quanto flatulências no elevador. Parece que todo mundo tem um parceiro, exceto você. Todos estão casados e tendo filhos, enquanto não há ninguém para dar-lhe um abraço tarde da noite, colocar champanhe na sua taça ou consertar o chuveiro quando ele quebra. Sua vida sexual praticamente desapareceu, e você começa a se perguntar se depilar o buço faz algum sentido.

Quando você se sente assim, pode ser difícil lembrar o que há de tão bom em estar solteira. Não se preocupe, vou refrescar a sua memória. Esse não é apenas um dos poucos momentos da vida em que você pode, digamos, dizer o que quiser e se comportar exatamente como quiser, mas também uma oportunidade única de descobrir o que você realmente quer da vida e do amor. Planeje seus próximos movimentos. Mude de direção, se for necessário. Procure pelo melhor para você mesma. É como dar um tempo na carreira sem cortes no orçamento.

DESCUBRA O QUE A FAZ FELIZ. Use este momento para ir atrás de suas próprias paixões e desejos com entusiasmo desenfreado. Grande parte de estar em um relacionamento envolve compromisso – é fácil perder de vista o que importa para você, especialmente se tentar se adaptar ao estilo de vida de outra pessoa. Aproveite este tempo para experimentar novos esportes e *hobbies*. Que tal esqui aquático? Aprenda a fazer linguiças. Torne-se uma faixa preta em origami.

DESCUBRA O QUE VOCÊ REALMENTE QUER EM UM PARCEIRO. Você se lembra da lista de desejos de um relacionamento sobre a qual conversamos no Capítulo 3? Agora é hora de escrever seu próprio "manual do proprietário". Pense sobre o que você quer em um parceiro. Como ele deveria tratá-la? Como ele seria? Como você gostaria de se sentir em uma relação com ele? O mais interessante de fazer esta lista enquanto está solteira é que você não vai tentar constantemente fazer suas exigências se adaptarem ao seu namorado atual. Comece com uma tela branca. Pense alto.

Agora é hora de escrever seu próprio "manual do proprietário". Pense sobre o que você quer em um parceiro.

VISUALIZE O QUE O FUTURO PODE LHE RESERVAR. Pense sobre a vida que você quer ter em um, cinco, dez ou trinta anos. Como ela é? Quem está envolvido nela? Filhos entram nessa equação? Você quer estar casada? Ou estar solteira combina melhor com seu plano de vida? Pense sobre os lugares que você gostaria de conhecer e sobre os objetivos que quer alcançar. Aonde quer chegar em sua carreira? Dinheiro, segurança e liberdade são importantes? Visualizar estes eventos futuros pode ajudá-la a planejar como atingir seus objetivos, seja por meio de novos amigos, novo trabalho, fazendo uma nova faculdade ou uma pós-graduação, ou mesmo resolvendo problemas do passado que a estão prendendo.

RECONECTE-SE COM A FAMÍLIA E OS AMIGOS. Uma das melhores coisas no fim de um relacionamento é que você pode perceber que está deixando família e amigos de lado. Use este período para construir pontes e apertar esses laços. Você não pode deixar que o relacionamento romântico seja sua única fonte de contato social – isso é como colocar todos os ovos na mesma cesta; e você ficará isolada quando terminar o namoro. Você precisa de sua própria rede de amigos para apoiá-la, amizades que são independentes de namorados passados ou futuros.

COMPREENDA O VALOR DE SER INDEPENDENTE. É um clichê, mas os melhores relacionamentos funcionam quando o casal *quer* estar junto, mas não *tem* de estar junto. A independência é uma das qualidades mais atraentes em uma mulher. Casais que se grudam um ao outro têm a tendência de afundar juntos, frequentemente chegando ao ponto em que não conseguem funcionar como entidades separadas. Você realmente quer namorar alguém que só está com você por medo da solidão? Não se esqueça de que relacionamentos ruins sugam sua energia, enquanto bons relacionamentos lhe dão a liberdade de voar.

COLOQUE RELACIONAMENTOS PASSADOS EM ANÁLISE. Quando a poeira abaixar, use este tempo para refletir sobre relacionamentos passados. Quais lições você pode aprender com eles? Algum modelo de erro ou de acerto emerge? Você consegue chegar a alguma conclusão? Quando a raiva abaixa, é possível que você comece a ver as coisas de forma mais clara. É hora de ser brutalmente honesta consigo. O que você vai fazer diferente da próxima vez? Se você parece não conseguir evitar que a história se repita ou fica desnorteada com o que deu errado, pense sobre discutir esses assuntos com um psicólogo.

Voltando a se envolver

Algumas pessoas chegam à conclusão de que uma vida de solteiro é infinitamente mais interessante que uma relação duradoura. Em uma cultura dominada por casais, temos de admirar esse tipo de autoconfiança e espírito de independência. No entanto, este é um livro sobre encontrar o amor. Você não adquiriu uma cópia para simplesmente ler "divirta-se, fique solteira". Agora que entendemos a importância de passar um tempo sozinhas, vamos retornar à tarefa que temos em mãos.

Voltar a namorar pode ser um pouco assustador quando você se sente ferida e acabada. Sua autoconfiança pode ter sido abalada, ou você pode estar pensando que suas habilidades de paquerar estão um pouco enferrujadas. Aqui estão cinco passos simples para dar a partida:

1. **Escolha os melhores *points*.** Não há nada mais deprimente que passar a noite escorada em um balcão de bar, pensando sobre as frustrações na vã esperança de que o homem dos seus sonhos passará por aquela porta. Se você quer encontrar alguém com interesses parecidos, escolha um evento ou um lugar que provavelmente os atraia. Se você gosta de arte, matricule-se em um curso de desenho ou visite várias galerias. Se gostar de atividade ao ar livre, procure um lugar para

caminhar. Se gostar de jogar bocha, tente um asilo e leve um pacote de biscoito de polvilho.

2. **Faça sua lista de desejos.** Não tem propósito começar um relacionamento com alguém que vai se mudar para a Mongólia. Mantenha a cabeça aberta, mas não há razões para namorar alguém totalmente incompatível ou inacessível. Pense novamente sobre o "manual do proprietário" que discutimos no Capítulo 3. Quais características de um homem realmente importam para você? Há algum ponto complicado, como não querer ter filhos ou religiões diferentes e visões políticas antagônicas? Você não deve ser exigente demais, mas deve, ao menos, procurar por alguém que responda a algumas das reivindicações.

3. **Aparência é bom negócio.** Você pode ser muito interessante, mas, se as pessoas insistentemente jogarem moedas para você na rua, então talvez seja hora para uma transformação. Corte o cabelo, separe seus melhores vestidos (ou, atrevo-me a dizer: gaste dinheiro comprando roupas novas) e saia de casa cheirando a rosas. Não há propósito em adotar a atitude de que ele vai ter de amá-la do jeito que encontrá-la – um encontro tem muito a ver com uma boa apresentação. Certamente não é pedir muito: dê ao pobre homem alguns meses de perfeição antes de deixar crescer os pelos da perna e usar camisetões e macacões jeans.

4. **Aprenda a falar.** Os nervos poderão entrar em colapso quando você tentar usar suas habilidades normais de conversa. Portanto, tenha algumas perguntas em mente para se sair bem em um encontro (se você for muito apavorada, escreva estas perguntas e estude-as com afin-

co sempre que pedir licença para ir ao banheiro). Imagine uma conversa como uma refeição com entrada, prato principal e sobremesa. A entrada deve ser uma conversa amena, mais geral, para deixar o parceiro à vontade – perguntas educadas, impessoais, como "Seu dia foi bom hoje?", "Você veio de longe?", "Gostaria de beber algo?", "Há algo que você não recomendaria neste cardápio?" e assim por diante. O prato principal seria equivalente a conhecer melhor o cara, mas sem fazer perguntas muito pessoais. "O que você pode me contar sobre o seu trabalho?", "O que costuma fazer quando tem tempo livre?", "Você viaja muito?" A última parte da conversa, quando vocês dois já estiverem se sentindo muito mais confortável um com o outro, pode ser mais filosófica ou exploratória. Faça perguntas que revelem mais sobre as esperanças escondidas de seu parceiro, além de tentar descobrir seus anseios, visões e ideias: "Há algum lugar que você ainda não conhece, mas que gostaria de conhecer?", "Qual personagem histórico você gostaria de conhecer?", "Quando criança, o que você queria 'ser quando crescer'?", "Quem você admira?"

5. **Seja precavida.** Você não vai tentar levar um bastão de choque dentro da sua bolsa de mão, mas siga algumas diretrizes básicas sobre segurança pessoal. Afinal de contas, você está saindo com um estranho. Aqui estão alguns sins e nãos.

    - Tente realizar os primeiros encontros no horário do almoço. Isso não é apenas mais seguro em virtude da luz do dia, mas também torna menos provável que seus pensamentos entrem em coma alcoólico.

- Marque encontros em locais públicos – como restaurantes ou cinemas –, de onde não é difícil sair se você precisar realizar uma fuga imediata.
- Diga a um amigo onde você está indo e quem você vai encontrar.
- Assegure-se de ter verificado bem quem a pessoa realmente é. Não é sempre fácil, mas você pode tentar descobrir se ele trabalha realmente onde diz trabalhar, portanto, peça-lhe um telefone fixo e faça uma ligação antes do encontro.
- Providencie seu próprio transporte para ir ao encontro e para voltar dele, e sempre leve o celular.
- Considere sair junto com outro casal.
- E, acima de tudo, confie nos seus instintos.

Capítulo 5

Cinco traços de pesonalidade que todos os príncipes devem ter

Pergunte a qualquer garota no final da adolescência pelo que ela procura em um homem e, não necessariamente nessa ordem, você receberá a mesma resposta: rios de dinheiro, boa aparência, ótimo corpo e bem-dotado. E, embora todos esses atributos me soem muito interessantes, posso também dizer com confiança que nenhuma dessas características entra no meu "Top-5 Características que todos os príncipes devem ter".

Se, por acaso, o príncipe for rico, lindo e bem-dotado, ótimo. Quer dizer, você não pode recusar um presente dos deuses. No entanto, esses traços devem ser apenas a cereja em cima do bolo. Conforme o tempo passa e nos tornamos mais velhas, sábias e ranzinzas, a maior parte de nós percebe que o que realmente importa em uma relação tem muito pouco a ver com o carro do ano ou um bumbum durinho.

Então, o que você deve buscar no Príncipe Encantado? É desnecessário dizer que, certamente, o príncipe não deve ter nenhum dos traços descritos no Capítulo 1. Ainda assim, o que o torna um material para namorar? E, afinal, boa aparência e química sexual importam tanto assim? Discutiremos esta segunda pergunta mais tarde neste capítulo. Por enquanto, aqui está um apanhado rápido de alguns traços pessoais muito importantes e por que a falta deles pode acabar com um relacionamento.

Traço 1: amor

Dãã!... é claro! É claro que seu príncipe deve ser amável. Entretanto, você já pensou sobre o que ele realmente quer dizer quando fala a palavrinha mágica? Fazendo uso da ideia do psicólogo social Zick Rubin, amor romântico parece envolver três fatores distintos: afeição, preocupação e intimidade. Vamos estudar um elemento de cada vez.

Afeição

O que queremos dizer quando falamos em "afeição"? Na concepção mais básica, trata-se da união ou lealdade que liga uma pessoa à outra. Em um relacionamento romântico, há quatro tipos de ligações: segura, ansiosa-preocupada, desdenhosa-evasiva e temerosa-evasiva. Apenas uma dessas – a ligação segura – é sinal de um futuro longo e feliz. Se estiver ligada de forma segura ao seu parceiro, você sentirá confiança em depender dele, mas também consciência de sua necessidade de ser uma pessoa autônoma e autoconfiante. Saudável! Muito bem!

Os ansioso-preocupados, entretanto, almejam dependência e não se sentem capazes de agir como um indivíduo fora do relacionamento – diga "oi" ao estereotipado parceiro pegajoso. Pessoas do estilo desdenhoso-evasivo são o oposto: desejam toda a independência sem intimidade emocional – você será perdoada se estiver se perguntando por que eles procuram por relacionamentos. Já os temeroso-evasivos carregam o pior dos dois mundos: como uma criança com o nariz apertado contra a vitrine da loja de doces, eles buscam desesperadamente pela ligação emocional e pela intimidade de um relacionamento saudável, mas se sentem temerosos demais para pular de cabeça e fazer a relação acontecer.

Preocupação

E com relação a sentir-se preocupado? Por que isso é parte de uma pessoa que ama? Essencialmente, somos criaturas egoístas. Gostamos de fazer as coisas do nosso jeito e, ainda assim, valorizar a felicidade e os desejos de uma pessoa como se fossem nossa própria felicidade e nossos próprios desejos é parte vital de um relacionamento romântico. Você se lembra da ideia de "pudim emocional" apresentada no

Capítulo 2? As pessoas que crescem em famílias permissivas, as quais atendem a todos os choramingos, costumam achar esse ponto o elemento mais complicado do amor. Se você está acostumado a ter tudo o que quer o tempo todo, pode ser muito difícil fazer os sacrifícios necessários para tornar alguém feliz. No entanto, relacionamentos significam dar e receber. Algumas vezes, as coisas serão do seu jeito; outras vezes, não. A vida é assim. E o mais curioso é que, quanto mais você ama alguém, mais fácil é colocar as necessidades dessa pessoa em primeiro lugar. Fazer o parceiro feliz faz você ficar feliz. Não estou dizendo que ser um capacho é pré-requisito para um relacionamento fértil – já discutimos no Capítulo 1 o que pode acontecer quando você namora um sapo bajulador. A verdade, no entanto, é que o amor de verdade diz respeito a administrar diferenças e desejos para que ambos os parceiros se sintam felizes e preenchidos em longo prazo. Isso requer trabalho e esforço contínuos, mas também é muito gratificante. O amor é uma atividade, não apenas um sentimento que toma conta de você.

O amor é uma atividade, não apenas um sentimento que toma conta de você.

Intimidade

O elemento final em um relacionamento amoroso é a intimidade. A palavra "íntimo" acabou, infelizmente, associada à higiene feminina. No entanto, seu significado verdadeiro está ligado a compartilhar seus pensamentos e sentimentos mais profundos com outra pessoa.

Passamos a maior parte de nossa vida sendo versões de nós mesmas. No espaço de um dia, você pode ser uma colega de trabalho, uma mãe, uma amiga, uma amante, uma estranha que ajuda alguém, uma filha e tudo o que pode haver entre um papel e outro. Porém, qual é o nosso eu mais autêntico?

Seu parceiro certamente a conhecerá melhor que qualquer outra pessoa. E é exatamente assim que deve ser. Eles são os únicos que veem você nua – tanto emocional quanto literalmente. A verdadeira intimidade está ligada ao fato de vocês estarem juntos, pertencerem um ao outro e se sentirem próximos. Se você não pode compartilhar seus sentimentos mais íntimos com seu parceiro, como vocês se conhecerão de verdade?

Traço 2: trabalho duro

Você pode achar engraçado ter esse traço em sua lista de prioridades. Que diferença faz se seu cara tem uma boa ética de trabalho ou não? Soa terrivelmente antiquado, não? De qualquer forma, pergunte a mulheres em relacionamentos sérios – sobretudo aqueles em que há filhos envolvidos –, e nove em cada dez delas concordarão.

Não me entenda mal aqui. Trabalhar duro não é o mesmo que ser *workaholic*. Já vi os efeitos que incidem em pessoas que colocam o trabalho antes do relacionamento e da família e, assim, não têm um final feliz. Há, entretanto, uma grande diferença entre isso e viver com alguém que está investindo no futuro – de vocês dois.

Trabalhar duro não está simplesmente ligado aos caminhos profissionais. A expressão tem implicações muito mais amplas. Quando digo que um Príncipe Encantado precisa trabalhar duro, o que estou querendo dizer, na verdade, é que a vida se torna muito mais fácil e prazerosa se você decide viver com alguém que está preparado para dedicar muito esforço em sua vida juntos. Não importa se ele é dedicado no trabalho ou se encontra soluções fantásticas de como vocês poderiam passar um tempo gostoso juntos, tudo se resume à mesma coisa. Se seu relacionamento é um barco a remo, é bom saber que há duas pessoas remando ali.

É bastante tranquilizador estar com alguém que não desiste fácil. A vida nos traz todos os tipos de surpresas desagradáveis – luto, desemprego, doença e assim por diante –, e é bom saber que seu parceiro não é o tipo de pessoa que vai pular do barco quando as coisas ficarem difíceis. Até mesmo os mais normais eventos da vida podem ser dolorosamente estressantes – casamento, filhos, mudanças de casa. Quando a caca bate no ventilador, você logo percebe a importância de ser amada por alguém que também sabe persistir e perseverar. Não há nada pior que um cara que só está ao nosso lado nas horas boas.

Traço 3: comprometimento

Ahhhh... Essa palavra! Se você acreditar em ficções românticas, será perdoada por pensar que a maioria dos homens corre do comprometimento como o diabo corre da cruz. E ainda assim, isso não é transportado para a vida real. Sim, alguns homens têm fobia a comprometimento – mas eles existem na mesma proporção que as mulheres.

A maior parte das pessoas costuma gostar da ideia de ser comprometida com outra. Em estudos recentes com britânicos entre 16 e 24 anos de idade (um grupo que você poderia pensar ser o último a procurar para comprometimentos em longo prazo), três quintos ainda acreditam que o casamento é "um passo natural para confirmar o comprometimento", enquanto menos de um quinto acha antiquada a ideia de casamento. Além disso, mais da metade da população adulta está atualmente casada, e esse número não inclui parceiros civis nem aqueles que simplesmente moram juntos.

Se procurar pela palavra "comprometimento" em um dicionário, ele lhe trará uma definição como "prometer-se ou prender-se a uma ideia ou pessoa". O dicionário também falará sobre ser "moralmente dedicado a um curso de ação" e até mesmo "uma obrigação que restringe a liberdade de ação". Droga.

Soa assustador, não? No entanto, o que há de bom em uma relação que envolve comprometimento é que a outra pessoa também fez um acordo com você. Sim, pode ser difícil entender a ideia de que, de agora em diante, você não pode transar com quem passar em sua frente. No entanto, o melhor de tudo é que seu parceiro prometeu fazer o mesmo. Vocês dois estão ligados emocionalmente e preparados para aceitar os desafios e fazer o relacionamento funcionar. Comprometer-se é fácil quando tudo está indo bem, mas o verdadeiro teste começa quando as coisas ficam difíceis. É também nesse ponto que você percebe como é importante estar comprometida.

Entretanto, é um pesadelo viver com alguém quando não há compromisso. Grande parte da vida adulta envolve planos em longo prazo – comprar uma casa, ter filhos, manter um emprego. Como você pode tomar qualquer decisão assim se não sabe se o cara estará ao seu lado na semana que vem? É impossível. Nada pode progredir sem a convicção mútua de que vocês estarão juntos tempo suficiente para verem a conclusão natural dos fatos. Uma relação sem comprometimento é como estar permanentemente preso ao Carnaval. Se você vive só naquele dia, não há espaço para o amanhã. (Para saber mais sobre como verificar sinais de que um homem está pronto para se comprometer, leia o Capítulo 7: "O que leva o Príncipe Encantado a se comprometer?")

Uma relação sem comprometimento é como estar permanentemente preso ao Carnaval.

Traço 4: honestidade

Às vezes, temos de admirar pessoas que contam mentiras. Tecer uma teia de mentiras é um trabalho que leva tempo e requer boa memória, imaginação viva e muita falta de vergonha. De qualquer forma, depois de ler sobre o Sr. Mentiroso, no Capítulo 1, sabemos que inferno pode ser namorar alguém que não consegue separar fatos e ficção.

Todos mentem de tempos em tempos – frequentemente, para poupar os sentimentos de alguém que ama ou para evitar uma situação complicada. Então, quão honesto deve ser um homem se ele quiser ser um cavaleiro em uma armadura reluzente? Você não pode passar o relacionamento inteiro com um detector de mentiras – portanto, qual é o nível de verdade que devemos desejar?

Às vezes, é mais simpático contar uma mentirinha. Isso é parte normal da etiqueta diária – mentiras brancas ajudam a facilitar o contato social. Quando diante de uma arma carregada, como "Minha bunda está grande nesta roupa?", só um homem suicida lhe responderá "Sim, querida, está do tamanho do Maracanã". Dizer a verdade nua e crua pode, às vezes, ser ofensivo e improdutivo em um relacionamento – portanto, não há nada errado com um homem saber que está sendo diplomático. É uma arte sutil, entretanto, saber quando a namorada está pedindo para que ele diga a verdade ou quando ela simplesmente quer confirmar que é atraente/bonita/maravilhosa. Este é um campo minado dos relacionamentos e, muitas vezes, acabamos pisando em uma mina.

Também mentimos para nós mesmas. A vida está cheia de riscos, perigos e problemas. Se pensássemos demais neles, seria uma batalha sairmos da cama a cada manhã. Dizer a nós mesmas que nada de ruim vai acontecer pode ser uma mentira estatística, mas é muito mais fácil que passar o resto da vida perturbada pelo medo.

Então, quando mentiras úteis se tornam mentiras maliciosas? Quais são as diferenças entre uma boa e uma má mentira em um relacionamento? De certa forma, isso está mais ligado ao motivo da mentira, e não ao seu conteúdo. Se o seu gato tem um dos hábitos a seguir, é hora de arremessá-lo para longe como uma batata quente.

- Ele mente para ofendê-la e não ajudar ninguém (a mentira "você é uma porca gorda").
- Ele mente para ofendê-la e ajudar a si mesmo (a mentira "todos pensam que eu sou areia demais para o seu caminhãozinho").
- Ele mente pelo simples prazer de enganá-la ou encobrir algo que tenha feito (a mentira "é claro que não tenho uma amante").
- Ele mente para evitar decisões (a mentira "eu preciso de um tempo").
- Ele mente para evitar confrontos (a mentira "eu só estou cansado, está bem?").

Relacionamentos que funcionam têm como base a sinceridade – sinceridade com suas intenções; sinceridade com seus sentimentos; sinceridade com quem você é. Somente quando conta a verdade plena a alguém é que pode ter certeza de que esse alguém está com você pelos motivos certos. E, da mesma forma, só quando você conhece totalmente seu parceiro é que pode decidir se ele realmente é o homem ideal para você.

Traço 5: respeito

Em um passado muito distante, a palavra "respeito" significava demonstrar um tratamento especial por alguém "acima" de você – por exemplo, respeitar os mais velhos, tirar o chapéu para cumprimentar alguém etc. Hoje em dia, no mundo das calças caindo, em meio ao dialeto dos adolescentes, "respeito" adquiriu outro significado. Para esse grupo, alguém é respeitado quando conseguiu fazer os outros o admirarem. O tipo de respeito sobre o qual falaremos aqui não tem nada a ver com nenhum desses extremos.

Quando digo que o Príncipe Encantado deve respeitá-la, o que estou querendo dizer é que ele precisa reconhecer e apreciar as opiniões da princesa. A opinião dela deve ser levada em consideração, independentemente de ele concordar ou não com aquelas ideias. Ele deve reconhecer suas qualidades e habilidades pessoais, aprender a amar as similaridades e as diferenças entre vocês dois e também a confiar em você para levar sua vida adiante sem precisar interferir ou invadir. O respeito em um relacionamento está ligado a ouvir quem você ama, sem a necessidade constante de interromper ou menosprezar. Respeito é levar em consideração os sentimentos do parceiro e tentar se colocar naquela posição. Respeitar significa concordar em discordar, ao mesmo tempo que a cabeça está aberta a ideias novas. Significa nunca intimidar ou provocar o sentimento de culpa em seu parceiro para que ele faça algo que não quer fazer. Também significa reconhecer quando é necessário dar-lhe o espaço de que ele precisa.

Nossa! Esta é uma lista considerável, e até mesmo os casais mais perfeitos não cumprem com todas as expectativas. A questão, no entanto, é que esses devem ser seus objetivos. E, mais importante, se você quer ser respeitada pelo Príncipe Encantado, é necessário que ofereça a mesma cortesia. O respeito é uma via de mão dupla.

O fato de eu querer rasgar as roupas dele é importante, ou não?

Eu gostaria de dizer "não", mas aí eu seria uma mentirosa. Não tem problema se o resto do mundo acha que seu príncipe parece o "cão chupando manga" – se você o acha lindo, é o que importa. A atração sexual vem de muitas formas, e um cara não precisa ter uma beleza convencional para que as mulheres o achem atraente. Aliás, parece que ele nem sequer precisa ser bonito. Esta é a beleza do amor –; existe uma tampa para cada panela.

Dizer que a química sexual importar é estranhamente contrário ao que as mulheres aprendem sobre relacionamentos. De vez em quando, nos é dito para não julgar um livro pela capa, que o que importa está no interior, que boa aparência desaparece com o tempo. Tudo isso é verdade, e uma mulher não deve, de jeito nenhum, namorar um homem apenas por sua aparência física, a não ser que tudo o que você queira seja um troféu para exibir. No entanto, relacionamentos românticos, em minha humilde opinião, precisam daquele brilho extra se você quer ter sucesso no futuro, aquela característica indefinível que separa uma amizade de um relacionamento amoroso.

Uma mulher não deve, de jeito nenhum, namorar um homem apenas por sua aparência física, a não ser que tudo o que você queira seja um troféu para exibir.

Por que, então, a paixão é importante? Parece que aquele formigamento que sentimos quando nos apaixonamos (ou quando sentimos desejo) tem um papel importante no jogo do acasalamento. Como uma entrada deliciosa antes do prato principal, essas sensações de euforia estimulam nosso apetite para um relacionamento mais longo e mais gratificante que, em longo prazo, esperançosamente oferecerá um ambiente estável para a criação dos filhos.

Uma ideia desenvolvida por uma famosa antropóloga, a Dra. Helen Fisher, explica como ocorre o processo em três estágios distintos. Primeiro você sente desejo. Esse desejo se desenvolve para nos encorajar a buscar relações sexuais com qualquer prospecto meio-decente (por isso podemos pensar em vários tipos de homens diferentes de uma vez só). Uma vez que encontramos alguém de quem gostamos, o próximo estágio, o amor romântico, nos ajuda a direcionar todas as nossas energias para essa pessoa, em vez de tentarmos ficar com vários caras diferentes de uma só vez. Quando o estágio do amor romântico se completa, o sentimento de uma ligação duradoura começa a entrar em cena, fazendo que nos sintamos calmas e seguras. É esse senso de segurança com relação a nosso parceiro que nos faz sentirmos confiantes o suficiente para começar a reprodução.

Isso, então, significa que a química sexual deixa de ser importante depois de alguns anos que vocês estão juntos? Definitivamente, não. Temos a tendência de separar as ideias de ser um casal dedicado e de ser um casal sexual, como se, de alguma forma, esperássemos que nosso desejo de fazer amor diminuísse com o tempo que passamos com nosso parceiro.

Reconhecidamente, manter sua vida sexual estimulada mesmo depois de quarenta anos de casamento é um triunfo, e há centenas de livros dedicados a trazer a atração sexual de volta ao quarto. A frequência e a intensidade do sexo mudam com os anos – tente praticar o *Kama Sutra* quando seu joelho já estiver sentindo os efeitos da idade. No entanto, isso não significa que o contato sexual se torne menos importante.

Pesquisas revelaram que fazer amor, orgasmos, preliminares e até mesmo um bom abraço liberam um hormônio chamado ocitocina. Apelidado pelos biólogos de "a poção do amor", a ocitocina vem sendo ligada a todos os tipos de emoções que queremos sentir em um relacionamento – intimidade, receptividade sexual, ligação próxima com o parceiro. Esse hormônio também aumenta seu desejo por mais contato físico –, em outras palavras, quando mais sexo você pratica com seu amado, mais você vai desejar ter relações sexuais. Chega a um estágio, segundo a professora de Psicologia Diane Witt, em que a liberação de ocitocina se torna tão condicionada após praticar várias vezes o sexo com o mesmo parceiro, que apenas o *ver* faz mais ocitocina ser liberada – o que faz você querer estar ainda mais com ele. Bom, não?

Amigos para sempre?

É desnecessário dizer que seu parceiro deve ser seu melhor amigo – alguém a quem você possa confiar seus segredos, lamentar sobre como foi o seu dia e que não se importe se você andar pela casa de moletom e cabelo ensebado. No entanto, e aquelas relações que começam com amizade? Elas estão condenadas a dar errado? Nem todos nós sentimos desejo sexual por nossos parceiros inicialmente, quando os conhecemos. Isso não significa que nunca poderemos desenvolver sentimentos românticos por eles – significa, simplesmente, que ele pode não ser o seu tipo de cara. Muito em breve, no entanto, esse relacionamento precisará se desenvolver romanticamente, ou então você sentirá falta de algo.

Relacionamentos que não apresentam o lado sexual podem funcionar, mas apenas se vocês dois estiverem dispostos a isso. O que tende a acontecer, entretanto, é que um parceiro vem a perceber que sexo é importante. Enquanto você se diverte com seu relacionamento sem paixão, pode acordar um dia e descobrir que seu amor fez as malas, transou com outra pessoa e então foi morar no quarto da empregada.

Se você conheceu um cara legal e não está certa de que há química, há várias maneiras de alimentar a chama. Não tenha vergonha de projetar algo aí. Leia vários livros sobre como melhorar a química sexual em um relacionamento. Alugue DVDs com dicas para amantes para tentar esquentar sua vida sexual. Converse com um terapeuta sexual e com um terapeuta de casais, juntos ou separados. Reserve mais tempo para a intimidade – pode ser que a química sexual não tenha se desenvolvido simplesmente porque você está ocupada, estressada ou cansada demais. Conversem um com o outro sobre o que vocês querem e esperam da vida sexual – você pode vir a descobrir que seu parceiro simplesmente está esperando que você lhe dê o sinal verde. Acima de tudo, não tenha medo de esperar. Se, entretanto, você ainda estiver persistindo depois de seis meses ou um ano e não tiver colhido nada mais que alguns sorrisos, talvez seja hora de jogar a toalha e aceitar que vocês são mais amigos que amantes.

Capítulo 6

Até mesmo príncipes e princesas têm seus dias ruins

Depois de quanto tempo de relacionamento você pode se sentir à vontade para fazer o número dois no banheiro do seu namorado? Quanto tempo até você poder eliminar suas flatulências debaixo das cobertas? E quando passa a ser seguro usar calcinhas largas após meses usando desconfortáveis fios dentais?

Todas nós tentamos causar uma boa impressão quando começamos a sair com um cara novo, e grande parte disso é fingir que não somos nada além de perfeitas. Além de despendermos grande esforço para sermos a mulher mais inteligente, sexy e adorável do mundo, também tentamos evitar confrontos por medo de que eles possam acabar com o clima de lua de mel.

Mais cedo ou mais tarde, no entanto, vocês terão a primeira briga. E não se sinta mal. Na verdade, parabenize-se por descobrir que seu relacionamento deu um passo adiante. Mostre-me um casal que não discute, e eu mostrarei alguns que não se conhecem muito bem. Se vocês nunca discutem, é provável que nunca se sintam capazes de se expressar e não se importam muito com isso.

Ding ding – primeiro *round*

Discutir é algo completamente normal. Alguns casais brigam como cães e gatos. Outros falam suavemente. O que separa um relacionamento saudável de um relacionamento nocivo não é o fato de discussões existirem, mas como vocês se comportam quando brigam e quais efeitos essas discordâncias apresentam no relacionamento – falaremos mais sobre isso ainda neste capítulo.

Mas, primeiro, por que brigamos? Parece incompreensível, para mim, imaginar que duas pessoas podem compartilhar o mesmo espaço por muito tempo sem, em algum momento, se irritarem uma com a outra. Quando você se aproxima de alguém, também está chegando perto de uma série de características diferentes daquela personalidade, de hábitos peculiares, de neuroses e de pontos fracos. Você também tem de adotar os amigos, os colegas, os familiares e, talvez, até mesmo um animal de estimação daquela pessoa. E adivinha? Ela também adota os seus.

Seria um milagre absoluto não encontrar coisas em outra pessoa que nos irritam. Comediantes fazem carreira com essas anedotas da batalha entre os sexos – a tampa do vaso sanitário aberta, dificuldades na interpretação de mapas, brigas pelo controle remoto – na verdade, tudo isso já se tornou um clichê entediante. E, ainda assim, nos sentimos secretamente aliviados ao ouvir que outros casais passam pelos mesmos problemas.

Algumas discussões podem envolver assuntos mais complexos – dinheiro, filhos, trabalho, saúde, responsabilidade. Essas brigas costumam acontecer mais de uma vez. Casais também têm as mesmas discussões várias vezes no curso de um relacionamento. Como um disco riscado, os casais que estão juntos por dez anos ainda discutem sobre um conjunto pequeno de problemas que têm desde o início. Meu marido e eu temos um "cardápio de brigas", do qual sempre escolhemos o que pedir. O cardápio tem uma base: *"Você não está passando tempo suficiente com nossa filha"*, *"Você está trabalhando demais e nunca nos vemos"*, *"O maldito cachorro"* e, meu favorito, *"Precisamos de um novo jogo Schmidt"*.

Casais também têm as mesmas discussões várias vezes

E parece que não estamos sozinhos. Uma pesquisa recente, realizada nos Estados Unidos, mostrou que os casais brigam, em média, uma vez a cada dois dias. Entre as principais causas de briga dos casais que estão juntos há muito tempo, a pesquisa revelou que cinco razões são as mais recorrentes. Em ordem de frequência:

1. Dizer a coisa errada.

2. Não demonstrar apreço.

3. Ser incapaz de encontrar algo pela casa.

4. Discordâncias relacionadas à educação dos filhos.

5. Dinheiro.

Eu diria que eu e meu marido discutimos pelos cinco motivos, e com uma frequência regular, especialmente se nós dois estivermos cansados ou estressados como consequência de outros eventos.

Discussões não apenas são normais, mas podem ser muito benéficas quando ocorrem nas condições corretas. Às vezes, você realmente precisa de uma chacoalhada para se lembrar de que seu parceiro é, na verdade, outra pessoa, com seus próprios desejos e maneiras de fazer as coisas. Uma discussão construtiva pode ajudá-la a ver esses desejos e maneiras de forma mais clara, ou até mesmo permitir que vocês priorizem as mudanças necessárias. Às vezes, acabamos nos envolvendo demais em outros aspectos da vida – trabalho, filhos, dinheiro e assim por diante –, que acabamos negligenciando a pessoa que está ao nosso lado. Uma briga pode deixar claro que talvez seja uma boa hora para discutir a relação. E não é só isso, mas os beijos e amassos depois de uma discussão podem ser uma forma deliciosa de lembrá-los de quanto vocês significam um para o outro. Os americanos chamam isso de "sexo do cachimbo da paz". E isso pode ajudá-los a se religar emocionalmente quando parecem estar em campos de guerra opostos. (Apenas assegure-se de que o sexo reconciliatório não deve se tornar o único momento de intimidade).

Embora seja útil reassegurar-se de que não há problemas em discutir, ainda não podemos parar por aqui. É importante aprender *como* discutir. Casais que brigam incessantemente acabam atolados em frustração e amargura e perdem as chances de ficar juntos por muito tempo. Você só precisa dar uma olhada nos motivos pelos quais os casais se divorciam para saber como é importante a boa comunicação. Apesar de o adultério e a violência terem acabado com a maior parte dos casamentos na Grã-Bretanha do pós-guerra, os principais motivos de divórcio no século XXI são fatores emocionais, como falta de comunicação e de atenção.

Se você tiver filhos, também será importante aprender como resolver as diferenças de modo que as discussões não deixem traumas nos outros membros da família. Alguns pais tentam esconder as brigas de seus filhos e, embora seus motivos sejam compreensíveis, discussões em segredo podem ser prejudiciais em longo prazo. Criar um escudo em volta das crianças cada vez que surge uma pequena discussão pode fazê-las ter uma visão distorcida de como adultos lidam com emoções complicadas como a raiva. Os filhos precisam aprender como lidar com os conflitos e como resolver diferenças sem apelar para a violência ou para os palavrões. Eles também precisam saber que discórdias não necessariamente significam o fim de um relacionamento.

Uma pesquisa da Universidade Cardiff, no País de Gales, respalda essa ideia. Em um estudo de três anos, os cientistas descobriram que era melhor discutir na frente das crianças que esconder as brigas, contanto que fossem debates construtivos e que chegassem a alguma solução no final. Os problemas surgiam quando as discussões não chegavam a conclusão alguma ou, ainda pior, quando os pais passavam para brigas destrutivas ou violentas. Há, também, uma lista de assuntos definidos que você não deve abordar diante das crianças – assuntos de adultos, como sexo ou infidelidade, definitivamente não são apropriados, assim como discordâncias acerca do estilo de criação dos filhos e problemas envolvendo as próprias crianças.

Brigas crônicas também fazem mal às crianças. Uma pesquisa do Instituto Nacional de Saúde Mental dos Estados Unidos demonstrou que pais que carregam confrontos durante anos criam um clima emocional horrível, o qual interfere no desenvolvimento psicológico normal dos filhos. Crianças que crescem em ambientes assim tendem a mudar de temperamento constantemente, perder interesse no que as cerca e alternar entre momentos de retração e ataques espontâneos de raiva. Isso só deixa claro como é importante discutir da maneira correta.

Como não discutir

Qual seria, então, a melhor forma de lidar com as diferenças? Embora alguns casais pareçam pensar que a melhor maneira de reclamar os problemas seja ir a programas de TV da tarde e gritar palavrões, há formas mais eficazes – o que não é surpreendente – de lidar com um conflito. Então, vejamos como *não* devemos agir. Bem-vindo ao "Como Não Discutir":

- **Tratamento silencioso** – "*Fale com a minha mão, porque meus ouvidos não vão escutar.*"
  Ficar de mau humor ou mandar seu parceiro catar coquinhos pode fazer você se sentir poderosa em curto prazo, mas manter uma muralha de silêncio só vai causar demora na solução do problema.

- **Negar que há um problema** – *"Pare de fazer tempestade num copo d'água, não há nada de mais."*
Se você constantemente se recusa a aceitar que há um problema, em algum momento seu parceiro vai parar de tentar resolver as coisas. Um relacionamento em que uma das partes efetivamente desistiu tem um tempo de prateleira muito limitado.

- **Tornar-se defensiva** – *"Vindo de você, isso é um elogio."*
O ataque pode ser a melhor forma de defesa em um campo de batalha, mas é um não é a melhor saída em relacionamentos. Defender-se ao desviar a atenção para o parceiro só vai acrescentar mais confusão ao que já está confuso.

- **Desencadear culpa** – *"Como você foi fazer isso comigo?"*
Fazer seu parceiro se sentir terrível por ter levantado uma questão dentro do relacionamento é um truque grosseiro. Se aquilo é importante para ele, deve ser importante para você, independentemente de quão difícil possa ser ouvir.

- **Procurar apoio em uma terceira parte** – *"Sua mãe diz que o preguiçoso aqui é você."*
Ninguém gosta de ser carregado para dentro de discussões. O problema é entre vocês dois – tentar acrescentar o apoio de amigos, familiares ou, ainda pior, filhos só vai alienar seu parceiro e causar discórdia.

- **Generalizar** – *"Você sempre faz isso."*
Prenda-se ao assunto em questão. Fazer generalizações sobre o comportamento de seu parceiro tomando como base alguns incidentes isolados fará que ele se sinta atacado e o forçará a adotar uma postura de-

fensiva. Termos absolutos, como "sempre" e "nunca", raramente são verdadeiros.

- **Procurar o calcanhar de Aquiles** – *"Meu último namorado nunca fez isso."*
  Todos têm pontos fracos. Atacar seu parceiro ao desviar a atenção para o que mais o preocupa ou o deixa ansioso é uma tática asquerosa. Tenha certeza de que você não dirá nada que não esteja disposta a ouvir.

- **Gritar e apelar** – *"Então vá se f**er. Tô fora!"*
  Gritar, berrar – a estratégia emocional das crianças. Não é certeira nem inteligente. Aliás, esta tática pode ser assustadora para seu parceiro e, de forma alguma, é a maneira como um adulto se comportaria.

- **Violência física e verbal** – *"Você é um idiota inútil."*
  Insultos pessoais, ameaças, intimidações, chantagens, violência física. Nem leve isso em consideração.

Como discutir

Não é ótimo vencer uma disputa? Você deu um nocaute intelectual no oponente, e ele está fora da disputa. Enquanto se distancia dando socos no ar e articula palavras como "Se ferrou, idiota", você enche o peito como uma pomba e se apronta para o próximo desafiante imprudente. (Ou sou só eu que acho isso?) Muito em breve, entretanto, algo começa a preocupar. As dúvidas começam a se arrastar. A luta foi justa? Fui cruel demais? Ele realmente mereceu tamanha derrota?

Desde muito jovem, você aprendeu a competir em brigas. Discussões são batalhas. Só um sai vencedor. O outro perde. É brigar até morrer. Embora essa abordagem seja totalmente improdutiva em um relacionamento saudável, quando lidamos com amor, ambas as partes precisam terminar uma discussão acreditando que seus sentimentos foram validados e suas opiniões, ouvidas. Com tantas visões diferentes para conciliar, como você termina uma briga com uma situação de vitória/vitória?

Como você termina uma briga com uma situação de vitória/vitória?

Hora certa, lugar certo

Encontre um lugar tranquilo, onde vocês dois se sintam à vontade e seja improvável haver perturbações – por exemplo: evite um restaurante lotado ou um telefonema enquanto estiver no trabalho. Dê a seu parceiro atenção completa e resista à tentação de realizar outra atividade ao mesmo tempo (é muito irritante tentar falar com alguém que está ocupado enviando uma mensagem pelo celular, por exemplo). (E o mesmo vale para lavar o carro, verificar *e-mails* e assim por diante.) Assegure-se de que você não precise ir a outro lugar logo para que não corra o risco de não concluir a discussão. E tenha certeza de que você não está cansada, estressada ou distraída demais – um dos maiores mitos de relacionamentos é "não vá para a cama sem discutir". Se você estiver muito cansada e souber que não está em condições de pensar direito, deixe tudo para o outro dia.

Inicie de forma suave

Não comece a discussão com um ataque em grande escala. Se você começar a conversa com 10 mil pedras na mão – com uma acusação ou um comentário pejorativo –, já alienou seu ouvinte e o colocou na defensiva. Se estiver nervosa porque, por exemplo, seu parceiro não a está ajudando com as tarefas domésticas, sua fala inicial poderia ser "O sistema que estamos usando para manter a casa organizada não está funcionando – poderíamos pensar, juntos, em outra maneira de cuidar disso?" em vez da menos diplomática usual "Estou fula da vida – por que você não mexe essa bunda gorda e vai fazer alguma coisa pra arrumar essa casa?". Falar de forma mais delicada fará seu parceiro estar mais disposto a ouvi-la e permitirá que ele expresse seus sentimentos e faça parte da solução.

Use "eu", e não "você"

Os aconselhadores de relacionamentos sempre dizem que devemos começar as frases de uma discussão com "eu", e não com "você". Por exemplo: "Eu fiquei chateada por você não ter telefonado", em vez de "Você me irrita por não telefonar". Parece ser uma pequena questão de semântica, mas essa refinada técnica evita que as declarações soem como acusações. Ao usar a palavra "eu", você atrai a atenção para a forma como o comportamento dele fez você se sentir, em vez de emitir um enunciado que declare um fato concreto. A implicação disso é que o problema é o comportamento, e não a pessoa.

Para fazer uma declaração efetiva utilizando "eu", você deve seguir três passos. Primeiro deve descrever o comportamento que a está incomodando. Tome cuidado para não espalhar culpa. Por exemplo: "Eu não gostei de descobrir que o aluguel não foi pago". Segundo, explique o sentimento que o comportamento lhe traz. Por exemplo: "Isso me preocupa muito porque não quero que nós fiquemos com o nome sujo". E, por fim, deixe claras as consequências e sugira uma forma de cooperação para que o problema seja resolvido. "Se estivermos com o nome sujo, muitos outros aspectos da nossa vida juntos poderiam ser afetados. Por que não criamos uma conta conjunta e começamos a depositar um dinheirinho todos os meses, como reserva?" Essa abordagem pode parecer um pouco forçada no começo, especialmente se você estiver com vontade de cortar a cabeça dele, mas proporcionará uma maneira de negociar uma situação potencialmente explosiva e chegar a uma solução que não agrida nenhuma das partes.

Feche a sua matraca

Nós adoramos o som da nossa própria voz, não é mesmo? Especialmente se estivermos brigando. De qualquer forma, ouvir, em vez de falar, é a chave para conseguirmos o que queremos. Costumamos presumir que sabemos o que nosso parceiro está pensando ou sentindo. E pode ser um forte soco no estômago descobrir que sua metade também está infeliz com relação a algo que você está fazendo (ou não está fazendo).

É extremamente crucial passar ao menos 50% da discussão ouvindo o que seu parceiro tem a dizer e, se conseguir manter-se controlada, responder a essas ideias de forma doce e sensível. Já discutimos, no Capítulo 5, a importância do respeito em um relacionamento – em particular, como respeitar significa considerar o ponto de vista de outra pessoa. Sendo compreensiva e empática, é muito mais provável que você receba a mesma cortesia, o que significa, em última análise, encontrar uma solução que funcione para *ambos.*

Uma habilidade realmente útil é a chamada "audição reflexiva". Desenvolvida como uma técnica para melhorar a comunicação entre psicoterapeutas e seus pacientes, a audição reflexiva envolve tentar compreender a ideia central por trás do que uma pessoa está dizendo e, então, repeti-la para confirmar que você entendeu certo. Divã de couro é opcional.

Deixe-me dar um exemplo. Seu parceiro se sente frustrado porque vocês dois não têm se visto muito ultimamente. Ouça atentamente o que ele tem a dizer e então parafraseie o que ele falou na forma de pergunta. Por exemplo, você diz: "Então você sente que não estamos passando tempo suficiente juntos?" Isso dará a vocês dois a chance de concordar sobre qual é o problema – e então vocês não abordarão assuntos cruzados.

O próximo passo é ouvir as entrelinhas das emoções dele. Isso requer prática e envolve colocar-se no lugar do outro. Por exemplo, seu parceiro pode soar muito nervoso, mas o que ele realmente está sentindo é rejeição. Ofereça a ele um gesto gentil, como "Você parece chateado" para ver se surte algum efeito. Pode ser que você erre algumas vezes antes de chegar ao centro do problema.

Durante a conversa, é também importante que seu parceiro saiba que está recebendo atenção. Olhe nos olhos dele e evite linguagem corporal agressiva, como cruzar os braços ou ficar de pé se ele estiver sentado. Ofereça sinais positivos, como assentir ou encorajá-lo a continuar falando. Acima de tudo, não tente projetar uma solução no lugar dele ou oferecer sua opinião – a não ser que ele peça. Parta do ponto de que seu parceiro tem inteligência suficiente para chegar a uma solução. Faça perguntas como "O que você acha que seria necessário para melhorar este problema?" para descobrir o que ele gostaria de fazer.

Respire profundamente

É difícil ouvir críticas. Especialmente quando há verdade nelas. Perder o controle, no entanto, quase nunca é algo produtivo. Portanto, se você

É difícil ouvir críticas. Especialmente quando há verdade nelas.

perceber que está prestes a perder as estribeiras, é hora de respirar fundo. Isso não apenas desvia sua atenção da raiva, mas também apresenta um efeito fisiológico em seu corpo. Quando você começa a ficar nervosa, sua respiração costuma mudar e se tornar curta e rápida. Isso pode elevar seus batimentos e sua pressão cardíaca, fazendo você se sentir ainda mais estressada e com raiva.

Ao praticar a respiração profunda controlada, você é capaz de evitar que seu nível de raiva fique ainda mais alto – permitindo manter-se calma e continuar falando. Quando você sentir que está se tornando irritada, simplesmente inspire enquanto conta até cinco, segure a respiração por dois segundos e então expire por outros cinco segundos. (Pode ser que valha a pena explicar ao seu parceiro o que você está fazendo, para que ele não pense que você está tendo um ataque de asma ou respirando para causar um efeito dramático.)

Se as respirações não funcionarem, você precisará de um tempo. Isso envolve mover-se fisicamente para fora da discussão, para que vocês dois possam se acalmar e retomar a conversa mais tarde. É importante que ambos saibam quando é hora de dar um tempo na discussão, para que nenhum de vocês ache que está sendo abandonado ou ignorado. Quando sentir que as coisas estão começando a esquentar, você deve anunciar que gostaria de dar um intervalo. Diga a seu parceiro quanto tempo você precisa e aonde vai (por exemplo: "Vou dar uma caminhada para esfriar a cabeça e voltarei em trinta minutos") para que ele não se preocupe com onde você está ou aquela se tornar uma discussão sem final. Se possível, relaxe das tensões com exercícios ou faça algo de que goste, para voltar à discussão em melhor estado de espírito. Seja lá o que decidir fazer, não entre debaixo da roda de um carro, não encha a cara em um bar nem telefone para seu ex – qualquer uma das ações vai gerar uma péssima reação.

Modificar sua técnica de discussões pode, inicialmente, irritar seu parceiro – especialmente se você passar a soar muito parecida com uma terapeuta. Também é importante que, por fim, vocês dois – e não só você – passem a usar técnicas saudáveis de discussões em discordâncias futuras. Orientar-se pelo exemplo certamente é uma forma de se chegar a isso – seu parceiro poderá simplesmente copiar seu estilo se ele vir que está funcionando. No entanto, é provável que você precise explicar o que está fazendo e por que está fazendo e, então, sugerir que ele experimente algumas dessas técnicas no futuro. Ele pode resistir inicialmente, mas esperamos que os resultados falem por si. Se as coisas estiverem realmente ruins, um curso para aprender a controlar a raiva ou algumas sessões com um terapeuta de casais lhes fornecerão as ferramentas para dar um passo adiante.

Capítulo 7

O que leva o Príncipe Encantado a se comprometer?

Experimente passar meia hora na seção de autoajuda de uma livraria e você será perdoada por pensar que os homens acham a ideia de comprometimento tão interessante quanto um pudim de cebola. Preste atenção nos títulos dos livros: *Por que os homens amam as mulheres poderosas?*; *O jogo, a bíblia da sedução*; *Deixe os homens aos seus pés*; e o animador *Como se dar bem com as mulheres*. Eles, certamente, fazem você querer se jogar de uma ponte.

Embora esses títulos, de fato, atraiam a atenção e vendam milhões, não estou certa de que apresentam uma imagem correta da espécie masculina. A maior parte dos homens deseja, sim, ter um relacionamento fixo. Eles querem compromisso. No entanto, os príncipes não costumam falar disso da mesma maneira que as princesas falam. Como o roteirista americano Tad Safran sabiamente notou em um artigo que escreveu recentemente para o *The Times*:

> *Os homens não gostam de admitir, mas falamos sobre relacionamentos tanto quanto as mulheres. Especialmente conforme ficamos mais velhos. Não gostamos de discuti-los como as mulheres gostam: com sabedoria e conhecimento. Os homens discutem relacionamentos como macacos tentando decifrar partituras. Um dos principais temas de nossas análises é: como eu vou saber se ela é a mulher certa.*

É muito bom pensar que homens e comprometimentos não são completos estranhos. Caso contrário, você poderia jogar a toalha agora mesmo. No entanto, como saber se seu príncipe está comprometido com a relação? Há alguma forma de fazer isso se tornar realidade? O tempo irá influenciar ou o Amor Verdadeiro vencerá tudo?

Dispostos a ir até o fim?

Não é curioso notar que, quando tenta perceber se o cara está pronto para se comprometer, você pergunta a todo mundo, menos a ele? Você conversa com sua melhor amiga, deixa vestígios para os amigos dele, lê o horóscopo (o seu e o dele). Eu tive até mesmo uma longa conversa com meu gato de estimação para saber o que ele pensava. Não cheguei a grandes conclusões. Aparentemente, meu gato achava que limpar os testículos era muito mais interessante que resolver o dilema do meu relacionamento.

De qualquer forma, o ponto central é que, se estiver realmente pensando em um relacionamento duradouro com alguém, certamente vocês se conhecem bem o suficiente para terem uma conversa franca sobre isso, não é? É incrível perceber quantas mulheres se preocupam em levantar esse assunto com seus parceiros. E se eu o assustar? E se ele pensar que o estou pressionando? E se ele não estiver pronto e eu arruinar a relação pelo simples fato de conversar sobre o futuro?

Ah, vamos lá. Caia na real. Se o cara é imaturo demais para conversar como adulto sobre o futuro, você acha mesmo que ele está pronto para subir ao altar? Se ele fica pálido com a possibilidade de uma conversa sobre "para onde estamos indo", suspeito que a resposta seja "para lugar nenhum". Estar comprometido com alguém envolve estar aberto e ser honesto sobre o relacionamento. Uma atitude reservada e comprometimento não combinam muito bem. E, além disso, pode ser que ele esteja esperando que *você* lhe mostre que está pronta. Você deve ter pena do pobre Príncipe Encantado antigo. Até hoje, geralmente, nós esperamos que ele tome a iniciativa e nos ofereça uma gaveta de seu guarda-roupa para que nos mudemos, casemos, ou seja lá qual for o próximo passo. Você não pode culpá-lo por ter medo de que você possa dizer não.

Não estou dizendo que você deva bombardear o cara com um plano para os próximos dez anos, especialmente se vocês só estão juntos há alguns meses. Qualquer um entrará em pânico se começar a pensar que sua vida foi mapeada por outra pessoa. Deve haver uma sensação de que vocês dois estão construindo um futuro *juntos*, em vez de você apresentar um planejamento estratégico já detalhado. (Se não acredita em mim, deixe algumas cópias da revista *Pais e Filhos* espalhadas pela casa ou cantarole constantemente a marcha nupcial – arriscado, embora muito divertido.) Além disso, dar ultimatos raramente funciona – se você precisou recorrer ao suborno, suspeito que o relacionamento não seja tão brilhante quanto você possa achar.

Deve haver uma sensação de que vocês dois estão construindo um futuro juntos, em vez de você apresentar um planejamento estratégico já detalhado.

A melhor maneira de ter conversas sobre comprometimento é manter as coisas tranquilas, ser relativamente breve e não colocar pressão. Um homem se sentirá muito menos assustado com perguntas abertas como "O que você pensa de casamento" que com "Quando vamos nos casar?" Mais adiante, quando você se sentir mais confiante com relação ao nível de comprometimento dele, as conversas deverão se tornar cada vez mais específicas, e os planos, mais concretos. No entanto, não dê um passo maior que a perna.

Vocês dois podem testar seus níveis de comprometimento olhando as dez declarações a seguir e avaliando quão relevantes elas lhes parecem. Depois de terem a oportunidade de refletir, chega a hora de conversar com o parceiro sobre as implicações na relação dos itens:

1. Meu parceiro me faz feliz.

2. Estou com meu parceiro porque *quero* estar, e não porque *tenho* de estar.

3. Detesto pensar em me separar dele.

4. Detesto a ideia de começar um novo relacionamento.

5. Fico feliz em saber que este relacionamento vai demandar trabalho duro e concessões, caso dure.

6. Fico otimista e animada quando penso em construir uma vida com meu parceiro.

7. Compartilhamos as mesmas esperanças e aspirações para o futuro.

8. Quero estar com meu parceiro por quanto tempo for possível.

9. Temos as mesmas ideias com relação a casamento.

10. Temos as mesmas visões sobre se queremos ter filhos ou não.

Há algo que você possa fazer para encorajar um príncipe a se comprometer? Talvez. (Discutiremos sobre isso em breve.) Porém, o que é certo é que há muitas atitudes que você não deve tomar para forçar alguém a assumir um relacionamento duradouro. O amor deve ser dado livremente, não porque você está apontando, metaforicamente, uma arma contra a cabeça dele.

Cinco estratégias que você não deve usar para fazê-lo se comprometer

1. **Engravidar.** Essa deve ser a forma mais louca de tentar fazer alguém ficar com você. Além de injusto com ele, é uma atitude imperdoável com seu filho. Você também está dando um tiro em seu próprio pé. Sim, pode ser que o cara fique, mas você realmente quer que ele fique com você por se sentir culpado? E se ele não ficar? Quem pode culpá-lo? Sobrou para você a excelente tarefa de criar, sozinha, um filho. (E falo enquanto alguém que se tornou mãe solteira por outros motivos, com convicção absoluta, que esse é o trabalho mais árduo do mundo... mesmo!)

2. **Ciúme.** Adotar a abordagem "Logo farei que ele perceba o que está perdendo" é outra estratégia arriscada. Ao flertar descaradamente com qualquer coisa que use calças, pode até ser que você consiga causar ciúme nele, mas o que vai acontecer quando você parar? Se ele só a desejar quando pensa que pode perdê-la, como você conseguirá manter um relacionamento normal? Se estiver nessa situação, cuidado, você pode acabar namorando o Sr. Pegador (veja Capítulo 1), e ele só está interessado na alegria que a provocação lhe causa, e não em você.

3. **Causar problemas financeiros que o impeçam de se desprender.** Você percebe que ele está, aos poucos, se desligando. Seu relacionamento está abalado. Então, surge uma ideia. Por que não comprar um apartamento juntos? Começar um negócio? Investir todas as economias em uma propriedade rural destruída?

Não, não, não. Ao se prenderem por laços financeiros, você não estará lidando com os problemas existentes no relacionamento – aliás, você provavelmente esteja acelerando o fim da relação. Pressões financeiras são uma das formas mais rápidas de se colocar um ponto final em um belo relacionamento e não salvarão uma relação em ruínas. Além disso, esse tipo de abordagem costuma tornar o fim um processo muito mais doloroso, confuso e, se advogados forem necessários, caro.

Pressões financeiras são uma das formas mais rápidas de se colocar um ponto final em um belo relacionamento e não salvarão uma relação em ruínas.

4. **Dependência total.** "Você não pode me deixar, eu não tenho para onde ir!" Tornar-se financeira ou emocionalmente dependente de alguém não é garantia contra o fim de um relacionamento. Estamos no século XXI. Espera-se que as mulheres já consigam ficar de pé sozinhas, e não penduradas na barra das calças de namorados paternalistas. Aliás, pode ser que sua dependência tenha funcionado como um charme no começo, mas é possível que ela esteja cansando seu namorado. Desde quando um relacionamento é um vale-refeição?

5. **Fazer-se indispensável.** Você também não pode tentar seduzir o coração de alguém. Pode ser que você pense que fazer-se indispensável seja uma garantia contra um chute no traseiro, mas não acredite nisso. Quanto mais você recolher as meias pela casa ou pagar as contas dele, menos provavelmente ele a tratará com o respeito que você merece. Relacionamen-

tos precisam manter-se em pé de igualdade – é legal preparar uma xícara de café para seu parceiro de vez em quando, mas assegure-se de que você não está se tornando uma governanta, garçonete ou financiadora (ou, pior ainda, tudo isso em uma só) sem sequer receber salário.

Dez maneiras de ajudá-lo a se comprometer

Embora seja inútil tentar fazer alguém se comprometer, há algumas atitudes que você pode tomar para construir o comprometimento em uma relação. Nenhuma delas envolve armar ciladas ou aplicar truques em seu parceiro. As sugestões a seguir podem ajudá-la a tornar seu relacionamento mais forte e mais divertido, para que vocês dois sintam que é hora de dar o próximo passo.

1. **Aprenda a discutir.** Como era mesmo? "Dai-me coragem para mudar as coisas que eu posso, serenidade para aceitar aquelas que não sou capaz de mudar e sabedoria para que eu consiga saber a diferença entre elas". Casais que aprendem a aceitar e celebrar suas diferenças acharão mais fácil fazer um comprometimento longo funcionar. Siga os passos do Capítulo 6 para assegurar-se de que você aprendeu como lidar com discordâncias de uma maneira que deixe vocês dois se sentindo estimados e ouvidos.

2. **Reserve tempo para a intimidade.** Já sabemos que uma vida sexual ativa e repleta de amor é uma maneira fantástica de apertar os laços entre vocês dois. Se seu quarto se tornou um campo de batalha ou o deserto

do Atacama, reserve algum tempo para reacender o relacionamento. Se não está tendo ideias, pode procurar ajuda em vários livros, *sites* da Internet ou DVDs – que podem, inclusive, ser combinados. Se o problema for mais profundo, um terapeuta especializado em relacionamentos logo chegará ao centro da questão.

3. **Dê espaço a ele.** Quanto mais ansiosa se sentir com relação ao seu parceiro, mais apertado você tenderá a segurar as rédeas. Ninguém gosta de ser controlado e, quanto mais você apertar, mais ele vai querer resistir e se afastar. Pare por aí, querida! Demonstre que você confia nele, que o ama e que se sente segura no relacionamento. Como fazer isso? Deixe que ele tenha seu próprio espaço, tempo, amigos e interesses. A ausência definitivamente aquece o coração (a não ser, é claro, que a ideia de liberdade envolva passar uma semana em Las Vegas enfiando notas de dólares no fio dental de uma dançarina peituda – se esse for o caso, acho que você pode esquecê-lo).

4. **Encontre coisas em comum.** Certamente há uma diferença gritante entre o que você e ele vestem, mas isso não significa, de maneira nenhuma, que não existam *hobbies* ou interesses em comum entre vocês dois. Casais que brincam juntos ficam juntos, embora às vezes seja sábio evitar esportes ultracompetitivos, como *squash* ou tênis – nos quais ele pode sentir prazer ao vê-la perder feio –, ou jogos nos quais o nível de habilidade de vocês dois seja muito diferente. (Por exemplo, na última vez em que meu marido, que é disléxico, e eu jogamos *scrabble*, quase acabamos tendo de dormir em quartos separados. Em minha opinião, ele não sabe perder.)

5. **Passem tempo junto de outros casais.** Os homens costumam ter medo de se comprometer se passaram muito tempo ao lado de casais que brigam constantemente ou próximos a jovens casais com filhos endiabrados. Como o casamento pode parecer interessante se tudo o que ele teve a oportunidade de ver foram anos de xingamentos e pirralhos manhosos? Passem tempo com casais que são felizes dentro de seus relacionamentos e com famílias que se divertem juntas. Nunca subestime o poder de modelos positivos.

6. **Diga a ele que você o ama.** Chega de você, vamos falar de mim. Mulheres costumam dedicar uma parte desproporcional do relacionamento buscando reafirmações, em vez de oferecê-las. Embora você não precise dizer a seu parceiro que o ama vinte vezes por dia – isso pode ser interpretado como hipersensibilidade –, certamente não fará mal algum lembrá-lo do quanto ele significa para você. Também é importante que ele saiba que você o ama pela pessoa que ele é, e não pela conta bancária, pelo salário ou pela posição profissional.

7. **Seja você mesma.** Nos primeiros meses de um relacionamento, é difícil não atuar um pouco. Você está tentando causar uma boa impressão, e isso é completamente compreensível. Entretanto, passar o resto de sua vida sendo alguém que não você, é a receita perfeita para o desastre. Isso também dificulta que seu parceiro se comprometa, pois ele pode suspeitar que não a está conhecendo totalmente. Seja você mesma, e isso vai encorajá-lo a agir da mesma forma.

8. **Aprecie os amigos e a família dele.** Você não vai gostar de todos os amigos do seu namorado. Aliás,

pode ser que alguns deles sejam realmente insuportáveis. A mesma coisa com relação à família. No entanto, isso não significa que você não deva tentar e fazer um esforço para ser educada. Dizem que você deve julgar uma pessoa por aqueles que ela escolhe ter como amigos. Se você acha que todos os amigos dele são insuportáveis, talvez seja hora de analisar se você e seu parceiro têm tanto em comum quanto vocês pensavam. A família é mais importante. Sangue é mais forte que água, então, se você insistir em fazê-lo escolher entre os familiares mais próximos e você, bem, pode ser que você encontre dificuldades.

9. **Seja independente.** Pergunte à maioria dos homens e eles lhe dirão que não há nada mais sexy que uma mulher independente. Os melhores relacionamentos são aqueles em que ambas as partes se sentem permitidas a agir como indivíduos dentro da estrutura e da dinâmica do casal. Vocês estão juntos porque querem estar, e não porque não conseguem viver separados. Qualquer homem que valha a água do batismo adorará saber que vocês dois trazem experiências diferentes durante as conversas. Se você tiver sua própria carreira, seus interesses e suas opiniões, é muito mais fácil manter seu relacionamento quente e empolgante em longo prazo. Não há nada mais deprimente que aqueles casais, em restaurantes, que se sentam em silêncio e olham para o nada porque já faz dez anos que não têm nada a dizer.

Pergunte à maioria dos homens e eles lhe dirão que não há nada mais sexy que uma mulher independente.

10. **Sonhe alto.** Tenho certeza de que alguns homens se esquivam do comprometimento porque pensam que ele resulta no fim da ambição e da aspiração. Nada poderia ser menos verdadeiro que esse pensamento. Estar em um casal é empolgante. O futuro deve ser cheio de possibilidades e aventuras. Deixe claro que, juntos, vocês são invencíveis. Juntos, vocês farão coisas que sequer sonhariam fazer separados. Juntos, vocês darão um ao outro a coragem de se arriscar e atingir objetivos muito maiores. Vocês serão o vento para a asa do outro. (Estou citando Bette Midler – acho que já é hora de tomar meu remédio.)

Os homens têm relógio biológico?

Nós, mulheres, sabemos uma coisinha ou outra sobre o tempo. A maioria de nós sente nosso relógio biológico quietamente fazendo *tic tac* e tem uma ideia geral sobre quando seria o momento ideal para nos estabelecermos e começarmos uma família. A fertilidade de uma mulher não dura para sempre, e temos um período limitado para encontrarmos alguém de quem gostemos o suficiente para começar uma família, se é isso o que queremos. O surgimento da fertilização *in vitro* significou que algumas mulheres foram capazes de estender sua fertilidade até a quinta década de vida, mas qualquer uma de nós que passou por tratamento de fertilidade sabe quão tortuoso é esse processo. Além disso, a maior parte dos especialistas não aconselha a fertilização *in vitro* para mulheres acima dos 45 anos. Portanto, a realidade é que só conseguimos aproximadamente uma década extra para encontrar alguém com quem queiramos ter filhos (a não ser que você queira ter filhos sozinha, é claro).

Para os homens, a situação é um pouco mais simples. Embora a quantidade de esperma diminua após os quarenta anos, só é necessário um pequeno nadador para fazer um bebê. Não é incomum que os homens tenham filhos até os sessenta anos de idade. O pai mais velho do mundo tem a singela idade de noventa anos e, aparentemente, planeja continuar aumentando a família ao menos por mais uma década – uau! Sem sentirem a sensação de urgência que nós, mulheres, sentimos, será que o tempo realmente importa para os homens? Eles ouvem o *tic tac* biológico, ainda que ele soe fraco?

Converse com os príncipes mais deliciosos e você poderá ter a agradável surpresa de saber que eles têm, sim, uma sensação de quando é hora de se estabelecer. Embora os garotos de pouco mais de vinte anos raramente pensem além da ideia geral de que gostariam de se estabelecer em algum momento no futuro distante, a maior parte dos homens beirando os trinta começa a levar essa ideia mais a sério. Aliás, o "quando" parece se tornar quase tão importante quanto o "com quem".

Você se lembra de Tad Safran, do início do capítulo? Ele descreve essa ideia com a "Teoria do taxista de Nova York" – é um pouco cínica, mas ilustra muito bem a questão.

> *De acordo com essa teoria, os homens – como os motoristas de táxi de Nova York – pilotam o dia inteiro, procurando passageiras. Eles dirigem para algumas delas por um bom tempo, para outras, por períodos menores, sem pensar muito. Entretanto, em certo momento, quando estão cansados, talvez entediados, e já tiveram uma quantidade satisfatória de passageiras, o taxista decide que é hora de desligar a luz e ir para casa. Quem estiver no banco de trás de seu táxi neste momento é aquela com quem ele se casa. Mulheres inteligentes são aquelas que, quietamente, se prendem ali, monopoli-*

zando o banco traseiro com a porta firmemente travada, até que o taxista esteja pronto para desligar o taxímetro.

Não estou certa de que a coisa toda é tão antirromântica assim; nem de que você deve teimosamente se prender por anos tentando conquistar alguém que acabe se mostrando um grande Sr. Errado. Entretanto, há um pouco de verdade na ideia de que o tempo é muito importante para *ambos* os sexos, especialmente em um clima em que outros fatores (como carreira, dinheiro e estabilidade) exercem forte influência. Há uma grande pressão para que tanto homens quanto mulheres esculpam uma vida profissional independente antes de se estabelecerem juntos. Há, ainda, uma suposição cultural de que devamos ter passado por algumas (mas não muitas) relações antes que optemos por ficar com uma pessoa. Apesar de os homens poderem, biologicamente, ter filhos até boa idade, há uma regra não escrita de que deixar para muito tarde é um gosto um pouco duvidoso. Os homens têm, sim, um relógio biológico. Além de a fertilidade diminuir conforme eles envelhecem – embora não na mesma medida que a das mulheres –, cuidar de uma criança requer certa preparação física. Acredito que a maior parte dos homens esteja ciente disso e que isso seja parte durante o processo de tomada de decisão deles.

Então, onde está seu príncipe? E será que ele está pronto para se comprometer? Suponho que o que estou dizendo é que existem:

- Muitas atitudes que você pode tomar que *não* ajudarão seu príncipe a se comprometer.
- Uma quantidade ainda maior de atitudes que você *pode* tomar para fortalecer o relacionamento e, assim, encorajar seu príncipe a se sentir mais comprometido.

- Certos fatores, incluindo o tempo, que podem ajudar ou impedir o curso desse processo.

Isso não é dizer que, se você conhecer o homem dos seus sonhos quando vocês dois tiverem dezessete anos, não ficarão juntos. Só quer dizer que a maioria dos homens também está refletindo sem muita preocupação sobre os princípios da princesa certa, na hora certa. E, por sinal, falando sinceramente, a maioria das mulheres está fazendo o mesmo.

Capítulo 8

Vivendo um final feliz...

Se você acredita em contos de fadas, beijar sapos é algo bom. Nas histórias infantis, a princesa se mostra, inicialmente, bastante relutante ao beijar. Aliás, faz tudo o que pode para evitar o pretendente lamacento. Ela finalmente cede, no entanto, para receber como recompensa a transformação de seu amante anfíbio em um belo príncipe de 1,80 metro de altura. Parabéns por não seguir a razão.

É incrível quão forte é este conto de fadas. Quem, entre nós, não persistiu, em algum momento, em um parceiro nada promissor, com a esperança de que, um dia, ele se transformaria em algo mágico? Você se convence de que, caso ofereça amor e beijos suficientes, o feitiço será quebrado e ele se transformará no príncipe que você sempre sonhou. Infelizmente, diferente dos contos de fadas, na vida real parece que, invariavelmente, o que ocorre é o caso de "uma vez sapo, sempre sapo".

Porém, aqui está algo interessante. Nas primeiras versões deste conto de fadas dos irmãos Grimm, a princesa *não* beija o sapo. Embora ele tente desesperadamente coagi-la a executar um ato asqueroso, ela não o faz. Ele até mesmo tenta pular na cama dela. "Estou cansado", lamenta o sapo. "Quero dormir assim como tu, ajude-me a transformar-me em um homem ou contarei a teu pai". Em vez de concordar, entretanto, a princesa fica furiosa, pega o sapo pela pata e o atira contra a parede com toda a sua força. E então satiriza: "Agora ficarás quieto, sapo detestável".

Puf. Eu realmente prefiro este final. Estranho, mas muito gratificante. E também ilustra bem o que espero que você tenha aprendido com este livro – que beijar sapos certamente não é a estratégia para encontrar um príncipe. Espero que, pelo menos, eu a tenha deixado mais bem-equipada para reconhecer um sapo. E, mesmo se você acabar, acidentalmente, namorando um, este livro deve ajudá-la a reconhecer os sinais de aviso antes de ele pular e quebrar seu coração.

Com sorte, você também terá compreendido por que fazemos as escolhas que fazemos, por que procuramos certos tipos de homens e como podemos quebrar esse padrão. Aprendemos sobre os erros comuns que as mulheres cometem em relacionamentos, por que os cometemos sem sequer conhecê-los e por que eles são tão fatais em um relacionamento. Acima de tudo, quero que leve com você algumas noções de como deve ser um relacionamento saudável e feliz, e todos os traços que fazem um homem ser realmente um príncipe.

Entretanto, o que acontece *depois* que vocês se apaixonam e vão ver o pôr do sol juntos? Agora tudo será estável? Não acredite nisso. Encontrar o príncipe é só o começo da aventura – agora as coisas começam a ficar *realmente* interessantes...

Quando surgem os obstáculos

O amor é fácil quando tudo vai de vento em popa. Quão difícil é se alegrar quando você está, metaforicamente, pastando? Espera-se que os relacionamentos tenham dias de intensa comemoração e celebração, e é vital que você aproveite o máximo que puder os bons momentos.

No entanto, independente de quão feliz seja a relação, é impossível conter as forçosas crises e calamidades que nos acontecem. A vida é composta de mudanças – algumas boas, outras ruins. É impossível evitar. Você precisa encará-las. Algumas mudanças são empolgantes – ter um filho ou receber um prêmio em dinheiro. Outras são torturantes – a morte de um ente querido ou ter de lidar com a perda do emprego. De qualquer forma, essas novidades podem puxar o tapete de um relacionamento.

A vida é composta de mudanças – algumas boas, outras ruins. É impossível evitar. Você precisa encará-las.

O que separa casais que superam dificuldades daqueles que desmoronam é a forma como eles lidam com a mudança. Aqueles que admitem essas alterações parecem se sair melhor que aqueles que brigam por causa delas. E seja a sorte inesperada ou um chamado de alerta, quanto melhor preparados vocês estiverem, maiores as chances de saírem mais fortalecidos e permanecerem juntos.

Como você lida com as mudanças?

Antes de abordarmos a maneira correta de lidar com as mudanças, vamos dar uma olhada em algumas estratégias inúteis às quais costumamos recorrer quando encaramos um novo conjunto de circunstâncias:

- **A avestruz.** Em vez de olhar a mudança diretamente nos olhos, você prefere enfiar a cabeça na terra e esperar que a situação se resolva. Você encontra dificuldades para se ajustar a novas situações e prefere seguir adiante sem se preocupar, ignorar os sinais ou bloquear seus sentimentos com bebidas, drogas ou outros paliativos. Também pode ser que você tape os ouvidos com os dedos e diga "La la la la la, não tem nada acontecendo".
- **A sonhadora.** A vida era melhor no passado. Você passa a maior parte do tempo desejando que as coisas fossem como eram, e não como são agora. Você não consegue aceitar que mudanças são inevitáveis e prefere encontrar consolo na nostalgia e "em sonhos". Você sente que tem pouco controle sobre o que acontece em sua vida – como uma rolha que navega pelo mar.
- **A viciada em mudanças**. Você se deleita com mudanças. Por sinal, você gosta demais delas e se sente entediada se as coisas ficam estáticas por muito tempo. A rotina

a deixa frustrada. E se encontrar algo ou alguém que a deixe feliz, você acreditará que isso não vai durar. Você procura ativamente por mudanças e consegue se chatear pelo simples fato de poder fazer algo.

Nenhuma dessas estratégias a ajudará em um relacionamento. Toda mudança, seja ela boa ou ruim, traz com ela uma sensação de incerteza ou ansiedade. Algumas delas são extremamente empolgantes. Como casal, vocês podem ajudar um ao outro a encarar as mudanças ao:

a) como indivíduos, aprender a lidar melhor com elas;
b) como casal, adotar estratégias para lidar com elas.

Ajudando você mesma a passar por uma mudança

- **Não exija demais de você.** Mudar é traumático, independentemente de quão empolgante possa parecer. Todos já vimos o caminho de devastações que o grande prêmio da loteria pode trazer – isso para não mencionar um filho –, então não é de se surpreender que qualquer tipo de mudança, boa ou ruim, cause algum tipo de dificuldade emocional. Não se surpreenda ao se pegar rindo e, um minuto depois, chorando.
- **Chore se quiser chorar.** Mudar significa, inevitavelmente, se desprender de algo. Até mesmo se você desejar muito um novo trabalho ou não poder esperar para se divorciar, não se assuste se ainda se vir sofrendo por seu passado. Isso não significa que você não deveria ter mudado – só quer dizer que você está reconhecendo que as coisas serão diferentes de agora em diante.

- **Resistir é inútil.** Ignorar mudanças ou se esquivar delas somente fará as coisas se tornarem mais difíceis. Negar é emocionalmente desgastante e requererá energia – que você precisa para tomar decisões sobre como aproveitar melhor a nova realidade.
- **Resmungue.** Não passe por tudo sozinha. Seu parceiro será uma grande fonte de apoio, mas também é importante olhar para fora do relacionamento e buscar pontos de vista diferentes – de amigos, familiares e profissionais. Não fique engasgada – você se sentirá muito melhor ao se expressar.
- **Reparta e conquiste.** Não veja a mudança como um monstro assustador. Quebre-a em pedaços e lide com um problema de cada vez. Por exemplo, mudar de emprego pode envolver refazer o arranjo das finanças, mudar de casa, modificar o tipo de assistência que você dará a seus filhos, além de se adaptar ao novo papel. Encarar todas essas mudanças como pequenos passos fará você não se sentir sobrecarregada e a ajudará a enfrentar um problema de cada vez.
- **Mantenha a cabeça erguida.** Sempre há uma luz no final do túnel, até mesmo na pior das situações. As pessoas que sobrevivem a eventos extremamente traumáticos são aquelas que sentem poder tirar algo positivo da experiência. Você deve se sentir orgulhosa apenas por conseguir sair do outro lado como uma pessoa mais forte e mais ponderada.

Ajudando-se mutuamente a passar por mudanças

- **Reservem tempo.** Tentem dispor de mais tempo um para o outro se souberem que um período de mudanças está por vir. Seja deixando de assistir à TV ou saindo do trabalho um pouco mais cedo, será de grande ajuda reservar algumas horas extras para que vocês possam discutir juntos ou criar um plano de ação.

- **Sejam sinceros.** Não ignorem o assunto esperando que ele desapareça. Conversem sobre o que a mudança significará para vocês como um casal e como indivíduos. Expressem abertamente suas esperanças e seus medos, e cheguem a ideias práticas de como reduzir o estresse.
- **Reconheçam seus medos.** Pode ser que você não esteja preocupada, mas e se seu parceiro estiver? Sejam solidários com suas ansiedades e deem tempo e espaço para resolvê-las. Algumas pessoas têm medo de mudanças por terem, no passado, vivido experiências complicadas de transição – levem esse sentimento em consideração.
- **Envolvam um ao outro nas decisões.** Pode ser que você seja quem passará pela mudança, mas ela afetará vocês como um casal. Tomem decisões como parceiros e tentem adaptar suas vidas ao desejo do outro.
- **Marque a mudança.** Faça algo para celebrar a mudança, mesmo que estejam em um momento difícil.
- **Mantenham a vida o mais normal possível.** Mudar não precisa ser algo opressor. Se um de vocês estiver passando por um momento tumultuado, tente manter os demais aspectos da vida cotidiana o mais estáveis que puder.
- **Não jogue mais mudanças no meio de tudo.** É melhor lidar com uma mudança por vez. Não faça planos, por exemplo, de mudar de casa quando vocês acabaram de descobrir que terão o primeiro filho.
- **Sejam gentis um com o outro.** Mantenham uma boa alimentação, durmam e relaxem – quando mais descansados e saudáveis vocês estiverem, menos vocês

esgotarão um ao outro. Encorajem-se mutuamente e deem-se apoio extra.

- **Riam disso.** Não estou dizendo que vocês devam gargalhar, por exemplo, no caminho de um velório. No entanto, se vocês conseguirem dar risada das pequenas frustrações que a vida traz, será muito mais fácil lidar com essas situações – tanto para cada um individualmente quanto para o casal. Rir ou chorar é uma escolha de vida, e eu sei qual escolhi para a minha.

Forçando seu príncipe a mudar

O que acontece quando o Príncipe Encantado começa a engordar? Enquanto ele enfia mais uma bomba de chocolate na boca, você pode precisar recorrer a todas as suas armas interiores para evitar atirá-lo contra o chão na tentativa de deter aquela guloseima pecaminosa. E não foi isso que você procurou. Ninguém lhe perguntou se você se preocuparia se seu parceiro começasse a engordar, se tornasse um fumante compulsivo ou adotasse um hábito nada saudável.

O que acontece quando o Príncipe Encantado começa a engordar?

Então, o que uma princesa deve fazer? Você tem o direito de mudar alguém, mesmo quando essa pessoa não quer mudar? Uma das maiores queixas em relacionamentos duradouros é a necessidade que um parceiro sente de mudar o outro. Às vezes, é totalmente compreensível que uma das metades queira que as coisas mudem, especialmente se seu amado desenvolveu um hábito ruim ou começou a se negligenciar. Entretanto, isso é correto?

O problema é que forçar alguém a mudar é um processo bastante complicado e que pode criar mais problemas, em vez de resolvê-los. Além disso, se não forem verificadas, essas armadilhas constantes poderão escurecer todo um relacionamento, e a questão original logo se perderá em meio a confusões de ressentimento e raiva. Muitos parceiros simplesmente são obstinados e acabam fazendo a outra pessoa se sentir frustrada. Quanto mais um implica, mais o outro se torna obstinado. O que começou como uma discussão sobre fatias de bolo demais logo se torna uma guerra nuclear sem previsão de término.

E quanto a suas opiniões? A primeira coisa a dizer é que você deve descartar a possibilidade de tentar coagir alguém a mudar. Ameaças, ultimatos, intimidações, culpa – nada disso é uma boa maneira de conseguir o que quer, e você provavelmente só conseguirá afastar seu parceiro. A segunda coisa a prestar atenção é que incentivos são a melhor forma de se atingir algo. Ao usar muito encorajamento, elogios e reforços positivos, é mais provável que você seja capaz de provocar algumas mudanças. Se estiver preocupada porque ele está engordando, por exemplo, elogie qualquer passo que ele der para se exercitar mais, se alimentar melhor ou cortar as porcarias da dieta. Elogios são muito mais efetivos que palavras que o denigram ou críticas.

Acima de tudo, você precisa refletir sobre qual é o ponto principal do problema. Se ele não pode ou não vai mudar, você precisa pensar sobre a relevância do problema. Se o comportamento dele está afetando seriamente sua qualidade de vida, talvez seja hora de pensar em deixar o relacionamento para trás. Se você estiver sendo uma ranzinza insuportável, todavia, é hora de deixar de lado as implicações e amar seu parceiro.

A maior parte de um relacionamento é composta pelas atividades cotidianas. Ir para o trabalho, fazer o jantar, verificar os pneus do carro, lavar as roupas um do outro e assim por diante. E, embora seja difícil achar divertido esfregar a roupa íntima de outra pessoa, há algo profundamente romântico na vida cotidiana como um casal. Quando meu marido e eu nos casamos, eu queria dizer algumas palavras na festa. Pensei que seria fácil fazer um discurso extremamente genial, mas achei muito difícil expressar como eu me sentia. Foi somente quando comecei a pensar sobre o que realmente importava para mim no relacionamento – passear com o cachorro, colocar nossa filha para dormir, conversar sobre os acontecimentos do dia no trabalho enquanto tomamos uma taça de vinho –, que percebi que a prova decisiva do amor é encontrar prazer na vida diária.

Uma vez constituída uma base feliz, você é capaz de enfeitar seu relacionamento com todo tipo de lantejoula e *glitter*. Um fundamento sólido permitirá que vocês dois sejam mais ousados como casal, tentem coisas novas e aceitem mais riscos. Você terá de lutar para manter uma vida sexual rica e satisfatória se, por exemplo, um de vocês estiver irritado porque a louça não está lavada ou porque a conta de gás ainda não foi paga. O inferno está nos detalhes, não na relação em geral.

O inferno está nos detalhes, não na relação em geral.

Construção contínua

A forma mais garantida de viver um "final feliz" é estar viva para o relacionamento e conseguir fazê-lo funcionar. As pessoas costumam ficar desanimadas se, de repente, manter uma relação se torna trabalho duro. No entanto, há uma distinção clara que devemos fazer aqui. Se você precisa se forçar a ter sentimentos por um parceiro, está com o cara errado. Porém, isso é *muito* diferente de dizer que um relacionamento não deve envolver trabalho duro. Da mesma forma que você dedicaria muito esforço e energia a uma carreira que valha a pena, é também justo que ofereça atenção e dedicação ao seu relacionamento. Nada que é bom vem de graça. O que há de bom em trabalhar em um relacionamento, entretanto, é saber que esse processo costuma ser agradável. Por exemplo, as cinco maneiras de construir seu relacionamento elencadas a seguir são muito mais divertidas que qualquer atividade que você precise executar em seu escritório...

1. **Sejam amigos.** Vocês podem ter fantasias com o que está debaixo das calças, mas todo relacionamento deve ter como base uma boa amizade. Seu parceiro deve ser, também, seu melhor amigo e, assim como suas amigas, merece proximidade, respeito e sinceridade. Façam o que amigos fazem – caiam na risada, compartilhem, fofoquem, brinquem. Pode ser até que ele deixe você pintar as unhas do pé dele, se pedir com jeitinho.

2. **Coloque seu relacionamento em primeiro plano.** Quando as coisas estão difíceis ou você começa uma família, é fácil deixar o relacionamento entrar em segundo plano. Não faça isso. A estabilidade como casal é o que lhe dá energia para cuidar dos demais aspectos da sua vida e construir um ambiente doméstico feliz. Proteja o laço que existe entre vocês dois, em vez de deixá-lo em último plano. Reserve tempo para vocês como casal – busque, ao menos, quinze minutos de conversas ininterruptas todos os dias e, pelo menos a cada quinze dias, tente roubar uma tarde para um encontro *caliente*.

3. **Toquem-se.** Seja em um abraço rápido ou em uns amassos intensos, a intimidade física é importante

para o relacionamento. As dificuldades da vida diária podem causar falta de libido, mas é crucial expressar seu amor por seu parceiro. Não precisa ser algo quente o tempo todo – abraços, beijos e toques são tão importantes quanto orgasmos. Se sua vida sexual entrar em queda livre, entretanto, isso poderá ser sinal de problemas mais profundos ou de raiva contida. Lide com esses sentimentos, seja por meio de conversas entre vocês, seja com uma terceira parte. A intimidade deve voltar num piscar de olhos.

4. **Prepare o champanhe.** Se sua vida como casal estiver um sucesso, comemore! Use qualquer motivo positivo para parabenizá-los como um casal – seja sobreviver à primeira briga ou celebrar bodas de ouro. Comemore os aniversários de namoro e casamento, os aniversários de vocês e outras datas especiais. Estoure o champanhe e surpreendam-se com presentes escolhidos a dedo. Lembrem-se um ao outro de tudo o que vocês conquistaram juntos e sejam generosos com seus cumprimentos.

Se sua vida como casal estiver um sucesso, comemore!

5. **Aproveite os bons momentos.** Quando seu relacionamento estiver em alta, dedique tempo para identificar o que faz a relação ser tão boa. As coisas estão boas porque vocês têm passado mais tempo juntos? Você tem feito algum esforço especial ultimamente? Seu parceiro está respondendo a alguma mudança positiva que você realizou? Quanto mais você entender o que fortalece seu relacionamento, mais será capaz de criar muitos momentos felizes para vocês dois.

Um relacionamento deve ser algo que traz mais felicidade que mágoa para as duas partes. Soa extremamente óbvio, mas é incrível observar como um romance pode se tornar um verdadeiro tormento. Já passei por relacionamentos duradouros em que havia mais momentos ruins que bons. O que é ainda mais louco é saber que fiquei nesses *affaires* por meses – algumas vezes, até mesmo por anos – sabendo que eles não estavam me fazendo bem.

Felizmente, a vida já não é mais assim. No entanto, demorou um pouco para que eu atingisse esse estágio. O que é surpreendente é que você não se sente estranha quando está em um bom relacionamento. Depois de tanto tempo namorando cafajestes, certamente eu deveria me sentir estranha por não estar com alguém que me coloca para baixo ou me engana o tempo todo... certo? Não, nada certo. E por quê? Certamente porque, em algum lugar bem escondido de minha mente, eu sempre soube o que era um bom relacionamento. Acho que a maior parte de nós tem, na verdade, uma boa intuição do que nos faz felizes. O problema é que paramos de ouvir essa parte e, então, nos desviamos do rumo.

Se este livro surtir apenas um efeito, espero que ele a encoraje a pensar que finais felizes realmente existem. Relacionamentos ruins nos deixam esgotadas. Os bons, entretanto, preenchem-nos de esperança e ambição. Não desista de encontrar o Príncipe Encantado – ele está por aí. Você só precisa parar de procurar sapos e começar a acreditar que tem, sim, o direito de estar em um relacionamento cheio de apoio, diversão e amor. Isso sim é o que chamo de um final de conto de fadas...

Não desista de encontrar o Príncipe Encantado – ele está por aí.

HR Gráfica e Editora
Rua Serra de Paracaina, 716 – Moóca - São Paulo – SP – CEP 03107-020
Fone/Fax: (11) 3341-6444 - Email: vendas@hrgrafica.com.br
www.hrgrafica.com.br